Rosa-Maria Dallapiazza | Roland Fischer
Anja Schümann | Maresa Winkler

Ziel B1+

Deutsch als Fremdsprache

Arbeitsbuch

Lektion 1–8
Niveau B1+

Hueber Verlag

Quellenverzeichnis

6.   5.   4.   Die letzten Ziffern
2020 19   18   17   16   bezeichnen Zahl und Jahr des Druckes.
Alle Drucke dieser Auflage können, da unverändert,
nebeneinander benutzt werden.
1. Auflage
© 2012 Hueber Verlag GmbH & Co. KG, 85737 Ismaning, Deutschland
Umschlaggestaltung: Marlene Kern Grafik Design, München
Zeichnungen: Hueber Verlag/Sepp Buchegger
Layout: Marlene Kern Grafik Design, München
Druck und Bindung: Friedrich Pustet GmbH & Co. KG, Regensburg
Printed in Germany
ISBN 978-3-19-011676-8

Art. 530_08566_001_04

Inhalt

Vorwort

Liebe Lernerinnen und Lerner,

dieses Arbeitsbuch bietet Ihnen ein umfangreiches Angebot an Übungen zu Aussprache, Wortschatz und Grammatik sowie zum selbstständigen Sprechen und Schreiben, mit denen Sie Ihre Kenntnisse auf dem Niveau B1 sichern, damit Sie problemlos in das Niveau B2 einsteigen können. Gleichzeitig enthält Ziel B1+ Aufgaben, mit denen Sie sich auf Prüfungen auf dem Niveau B1 vorbereiten können.

Diese Verweise im Kursbuch führen Sie jeweils zu den richtigen Stellen im Arbeitsbuch.

Aufbau

GRAMMATIK   Hier finden Sie Übungen und Aufgaben zur Grammatik. Die Überschrift enthält jeweils die Angabe des Grammatikthemas. Die Übersicht über die Grammatikthemen finden Sie auf den Übersichtsseiten am Ende jeder Kursbuchlektion.

WORTSCHATZ   Im Bereich Wortschatz lernen und üben Sie Wörter zu einzelnen Wortfeldern und im Zusammenhang mit Verben, Präpositionen, Adjektiven und Adverbien. So entstehen „Wortnetze", durch die Sie Ihren Wortschatz erweitern und vertiefen.

PHONETIK   In den Übungen zur Phonetik lernen Sie vor allem, wie man die Betonung einsetzen kann, um richtig verstanden zu werden.

SÄTZE BAUEN
TEXTE BAUEN   Was Sie in den Übungen zu Grammatik, Wortschatz und Phonetik im Einzelnen gelernt haben, wird hier zusammengefügt. Es geht hier darum, wie man sich differenziert ausdrückt, sowohl mündlich als auch schriftlich. Auf der Übersichtsseite am Ende jeder Kursbuchlektion finden Sie eine systematische Zusammenstellung der Wendungen und Ausdrücke.

Die Übungen: rot, braun und blau

Eine Reihe von Übungen sind Wiederholungsübungen. Diese sind mit roten Übungsnummern und dem Wort *WIEDERHOLUNG* gekennzeichnet. Hier können Sie Ihr Wissen auffrischen oder festigen.

Darüber hinaus gibt es Vertiefungsübungen. Diese sind mit braunen Übungsnummern und dem Wort *VERTIEFUNG* gekennzeichnet. Die Vertiefungsübungen gehen über den eigentlichen Lernstoff der Stufe B1 hinaus und greifen etwas komplexere Aspekte der Grammatik auf oder vertiefen den Wortschatz zu bestimmten Themen. Oder aber sie enthalten eine etwas schwierigere Schreibaufgabe. Je nachdem, mit welchem Ziel und mit welchen Vorkenntnissen Sie Deutsch lernen, können Sie diese Übungen passend auswählen.

Die blauen Übungen enthalten den eigentlichen Lernstoff Ihrer Stufe.

Der Teil *Darüber hinaus*

Am Ende der Lektion finden Sie unter dem Titel *Darüber hinaus* Aufgaben und Übungen zur Aussprache sowie zu den Prüfungen der Niveaustufe B1. So können Sie sich mit einer Reihe prüfungstypischer Aufgaben auf alle Prüfungen der Niveaustufe B1 vorbereiten. (Materialien mit Mustertests zu den Prüfungen B1 sind separat erhältlich.)

Die Hörtexte

Die Hörtexte befinden sich auf der Lerner-CD-ROM als MP3-Dateien (siehe Beschreibung der Lerner-CD-ROM unten). Sie sind aber auch separat unter der Hueber-Nummer 191676 erhältlich.

Die Lösungen

Die Lösungen zum Arbeitsbuch befinden sich auf der Lerner-CD-ROM (siehe unten). Sie sind aber auch separat unter der Hueber-Nummer 181676 erhältlich.

Die Lerner-CD-ROM

Auf der Lerner-CD-ROM finden Sie:

- Wortlisten zum Kursbuch und zum Arbeitsbuch: Hier finden Sie den Lernwortschatz der Niveaustufe B1. Sie sollten diese Wörter sicher beherrschen.
- eine ausführliche Grammatikdarstellung (B1/B2) zum Nachschlagen
- die Lösungen und Musterlösungen zum Arbeitsbuch
- die Hörtexte im Arbeitsbuch im MP3-Format
- alle Wendungen und Ausdrücke aus dem Kursbuch
- das Lerner-Portfolio: Das ist Ihr persönlicher Lernbegleiter, der Sie dabei unterstützt, Ihren Lernfortschritt und Ihre Lerntechniken zu analysieren.

0 Freut mich

GRAMMATIK: Satzstrukturen ·······▶ zu Kursbuch Seite 10

Lesen Sie die Sätze in den Aufgaben 1a–c, 2 und 3.
Zeichnen Sie Tabellen in Ihr Heft. Tragen Sie die Sätze ein wie in den Beispielen.

WIEDERHOLUNG

1 Hauptsatz: Satzanfang, Verb und Satzende

a Satzanfang und Verb

1 Ich bin heute zum ersten Mal hier.
2 Morgen fahre ich wieder nach Hause.
3 Am Abend gab es ein tolles Fest.
4 Am Bahnhof gab es kein Taxi.
5 Gegenüber ist ein tolles Café.

Satzanfang	Verb	weitere Satzteile
1 Ich	bin	heute zum ersten Mal hier.
2 Morgen	fahre	ich wieder nach Hause.
3 ...		

b Auch ein Nebensatz kann am Satzanfang stehen. Achten Sie auf das Komma.

1 Weil ich hier neu bin, kenne ich noch niemanden.
2 Als ich klein war, wollte ich Ärztin werden.
3 Wenn ich wieder zu Hause bin, schicke ich euch meine E-Mail-Adresse.

Satzanfang	Verb	weitere Satzteile
1 Weil ich hier neu bin,	kenne	ich noch niemanden.
2 ...		

c Weitere Satzteile und Verb 2

1 Ich habe mir die Fahrkarte im Internet gekauft.
2 Ich habe den Film nicht verstanden.
3 Gestern habe ich meine Mutter angerufen.
4 Ich muss gleich ein Geschenk kaufen.
5 Ich habe mir noch keine Rückfahrkarte gekauft.

Satzanfang	Verb 1	weitere Satzteile	Verb 2 (Satzende)
1 Ich	habe	mir die Fahrkarte im Internet	gekauft.
2 ...			

WIEDERHOLUNG

2 Frage

1 Kennen Sie hier viele Leute?
2 Sind Sie Herr Meier aus Dortmund?
3 Wie lange dauert dieses Fest?
4 Wo findet das Fest statt?
5 Wie lange hat die Fahrt gedauert?
6 Mussten Sie lange auf ein Taxi warten?

Satzanfang	Verb	weitere Satzteile
1	Kennen	Sie hier viele Leute?
2 ...		
3 Wie lange	dauert	dieses Fest?

WIEDERHOLUNG

3 **Nebensatz**

1 Ich freue mich, dass ich Sie hier treffe.
2 Ich bin im Verein, weil ich gern anderen Menschen helfe.
3 Ich rufe dich an, wenn ich Hilfe brauche.

(Satz 1)	Konjunktion	weitere Satzteile	Verb
1 Ich freue mich,	dass	ich Sie hier	treffe.
2 ...			

GRAMMATIK: die Grundmuster der Konjugation ········▶ zu Kursbuch Seite 10

WIEDERHOLUNG

4 **Regelmäßige Verben**

a Lesen Sie den Beispielsatz. Markieren Sie das Verb.
Ergänzen Sie dann alle Verbformen in der Tabelle.

Wir haben viel gelacht.

	Präsens	Perfekt	Präteritum
1 ich			
2 du			
3 er, es, sie, man	lacht	hat ge	lachte
4 wir		haben gelacht	
5 ihr			
6 sie/Sie			

b Unregelmäßige Verben
Lesen Sie den Beispielsatz. Markieren Sie das Verb und ergänzen Sie die Tabelle.

Ich gehe jetzt nach Hause.

	Präsens	Perfekt	Präteritum
1 ich	gehe		
2 du			
3 er, es, sie, man		ist ge	g
4 wir			
5 ihr			
6 sie/Sie			

5 Deklination

a Bestimmter Artikel (*der, das, die*)
Ergänzen Sie die Formen in den Tabellen.

Singular

	maskulin	neutral	feminin	
1 Da ist	.... Supermarkt.	.... Fitnessstudio.	.... Brücke.	Nominativ
2 Ich kaufe	*den* Blumenstrauß.	.... Buch.	.... Tasse.	Akkusativ
3 Ich gebe es	.... Schüler	.... Kind.	.... Schülerin.	Dativ

Plural

	maskulin	neutral	feminin	
1 Da sind	.... Supermärkte.	.... Fitnessstudios.	.... Brücken.	Nominativ
2 Ich kaufe	.... Blumensträuße.	.... Bücher.	.... Tassen.	Akkusativ
3 Ich gebe es	.... Schülern.	.... Kindern.	.... Schülerinnen.	Dativ

b Unbestimmter Artikel (*ein, eine*)
Ergänzen Sie die Formen in den Tabellen.

Singular

	maskulin	neutral	feminin	
1 Da ist	.... Supermarkt.	.... Fitnessstudio.	.... Brücke.	Nominativ
2 Ich schenke dir	*einen* Blumenstrauß.	.... Buch.	.... Tasse.	Akkusativ
3 Ich gebe es	.... Schüler.	.... Kind.	.... Schülerin.	Dativ

Plural (kein Artikel[1])

	maskulin	neutral	feminin	
1 Da sind	Supermärkte.	Fitnessstudios.	Brücken.	Nominativ
2 Ich kaufe	Blumensträuße.	Bücher.	Tassen.	Akkusativ
3 Ich gebe es	Schülern.	Kindern.	Schülerinnen.	Dativ

[1] Den unbestimmten Artikel gibt es nur im Singular.

Plural (mit *kein, mein*[1])

	maskulin	neutral	feminin	
Da sind	*meine* Supermärkte.	.... Fitnessstudios.	.... Brücken.	Nominativ
Ich kaufe	.... Blumensträuße.	*keine* Bücher.	.... Tassen.	Akkusativ
Ich gebe es	*meinen* Schülern.	.... Kindern.	.... Schülerinnen.	Dativ

[1] Im Singular haben *kein* und die Possessivartikel (*mein, dein, sein* ...) die gleichen Endungen wie der unbestimmte Artikel.

c *Welch- …?* (Adjektive nach dem bestimmten Artikel)
Welche Form passt? Ordnen Sie zu.

a tolle ■ b tollen

Singular

	maskulin	neutral	feminin	
1 Da ist	der [a] Supermarkt.	das [ ] Fitnessstudio.	die [ ] Brücke.	Nominativ
2 Ich kaufe	den [b] Blumenstrauß.	das [ ] Buch.	die [ ] Tasse.	Akkusativ
3 Ich gebe es	dem [ ] Schüler.	dem [ ] Kind.	der [ ] Schülerin.	Dativ

Plural

	maskulin	neutral	feminin	
1 Da sind	die [ ] Supermärkte.	die [ ] Fitnessstudios.	die [ ] Brücken.	Nominativ
2 Ich kaufe	die [ ] Blumensträuße.	die [ ] Bücher.	die [ ] Tassen.	Akkusativ
3 Ich gebe es	den [ ] Schülern.	den [ ] Kindern.	den [ ] Schülerinnen.	Dativ

d *Was für ein- …?* (Adjektive nach unbestimmtem Artikel)
Welche Form passt? Ordnen Sie zu.

a tolle ■ b tollen

Singular

	maskulin	neutral	feminin	
1 Da ist	ein toller Supermarkt.	ein tolles Fitnessstudio.	eine [ ] Brücke.	Nominativ
2 Ich kaufe	einen [ ] Blumenstrauß.	ein tolles Buch.	eine [a] Tasse.	Akkusativ
3 Ich gebe es	einem [ ] Schüler.	einem [ ] Kind.	einer [b] Schülerin.	Dativ

Plural

	maskulin	neutral	feminin	
1 Da sind	[ ] Supermärkte.	[ ] Fitnessstudios.	[ ] Brücken.	Nominativ
2 Ich kaufe	[ ] Blumensträuße.	[ ] Bücher.	[ ] Tassen.	Akkusativ
3 Ich gebe es	[ ] Schülern.	[ ] Kindern.	[ ] Schülerinnen.	Dativ

e Pluralformen
Ergänzen Sie die Pluralformen.
(Nicht vergessen: Wörter immer mit den Pluralformen lernen.)

1 der Teller	....	8 das Kind	....
2 das Glas	....	9 das Auto	....
3 der Hund	....	10 die Frau	....
4 der Stern	....	11 die Apotheke	....
5 der Vater	....	12 die Banane	....
6 der Schrank	....	13 das Würstchen	....
7 das Sofa	....	14 die Krankheit	....

A   Mein Lieblingsfest

WORTSCHATZ: Feiertage und Feste   ⟶ zu Kursbuch Seite 12

1   **Feiertage und Feste**

ⓐ **Welche Feste und Feiertage feiern Sie (auch) privat zu Hause oder bei Freunden? Kreuzen Sie an.**

Fasching/Karneval ☐ ■ Geburtstag ☐ ■ Hochzeitstag ☐ ■ Namenstag ☐ ■ Silvester ☐ ■
Neujahr ☐ ■ Ostern ☐ ■ Pfingsten ☐ ■ Weihnachten ☐ ■ Nationalfeiertag ☐ ■ Stadtfest ☐

ⓑ **Ergänzen Sie das Verb in der richtigen Form.**

(sich) freuen ■ feiern ■ machen

1 Und was *macht* ihr an Silvester?

2 Ich .... meinen Geburtstag nicht mehr.

3 Alle Kinder .... sich auf Weihnachten, oder nicht?

4 Alle Kinder .... gern Weihnachten.

5 Ich .... dieses Jahr eine große Geburtstagsparty.

GRAMMATIK: *dass*-Sätze nach bestimmten Verben und Ausdrücken   ⟶ zu Kursbuch Seite 12

2 **ⓐ** **Lesen und hören Sie die Sätze und sprechen Sie sie nach. Lernen Sie die markierten Verben und Ausdrücke.**

1 Verben

a Ich weiß, dass ich recht habe.
b Ich habe gesagt, dass ich keinen Fasching feiere.
c Glaubst du, dass sie noch kommen?
d Ich habe gar nicht bemerkt, dass du weg warst.
e Mir ist eingefallen, dass wir noch einkaufen gehen müssen.
f Sie hat erzählt, dass sie einen neuen Freund hat.
g Ich kann mich nicht daran erinnern, dass ich das gesagt habe.
h Ich verspreche dir, dass ich dir helfe.
i Er hat gemeint, dass das nicht stimmt.
j Denkst du bitte daran, dass wir noch einkaufen müssen?

2 Ausdrücke

a Es ist gut, dass du morgen kommst.
b Ich finde es gut, dass du kommst.
c Ich hatte die Idee, dass wir uns morgen treffen.
d Es ist möglich, dass es morgen regnet.
e Es kann sein, dass ich heute etwas später komme.
f Es ist wichtig, dass du kommst.
g Es tut mir leid, dass ich zu spät gekommen bin.
h Ich habe Angst, dass mir das wieder passiert.
i Ich bin glücklich, dass ich diese Aufgabe geschafft habe.

ⓑ Wortstellung: Machen Sie eine Tabelle und tragen Sie jeweils drei Sätze aus a1 und a2 ein.

Einleitung	Konjunktion	Satzglieder	Verb
Ich weiß,	dass	ich recht	habe.
Es ist gut,	dass	du morgen	kommst.
…	…	…	…

ⓒ Wählen Sie einige Wendungen und Ausdrücke aus a aus, die Sie mit
den folgenden Sätzen (1–7) verwenden können. Schreiben und sprechen Sie.

1 Ich hole dich ab.   4 Wir brauchen noch Milch und Eier.   7 Ich mache etwas falsch.
2 Morgen regnet es.   5 Das Paket kommt morgen.
3 Ich habe dich nicht angerufen.   6 Ich schaffe das nicht.

Ich verspreche dir, dass ich dich abhole.
…

ⓓ *dass* nach *da(r)* + Präposition
Lesen Sie die Sätze und notieren Sie die Verben mit Präposition.

1 Erinnerst du mich daran, dass ich noch ein Formular ausfüllen muss?   sich erinnern an

2 Denkst du daran, dass wir noch einkaufen müssen?   ....

3 Ich glaube nicht mehr daran, dass sie heute noch kommt.   ....

4 Wir wurden darüber informiert, dass der Kurs später beginnt.   ....

5 Heute muss ich darüber lachen, dass ich die Führerscheinprüfung

   damals nicht bestanden habe.   ....

6 Ich bin dafür, dass wir jetzt losgehen.   ....

7 Sie hat sich sehr darüber geärgert, dass ich ihren Geburtstag vergessen habe.   ....

8 Habt ihr schon darüber gesprochen, dass sie bald Geburtstag hat?   ....

ⓔ Oft kann man die Information (im *dass*-Satz / im indirekten Fragesatz) durch eine Ergänzung
mit Akkusativ ersetzen. Formulieren Sie die Sätze mit den Wörtern in Klammern neu.

1 Ich habe nicht gewusst, dass du nicht da bist. (das)

   Ich habe das nicht gewusst.

2 Hast du gehört, ob jemand gekommen ist? (etwas)

   ....

3 Ich habe nicht verstanden, was in dem Text steht. (den Text)

   ....

4 Erzählen Sie mir jetzt mal, wie das alles passiert ist. (die ganze Geschichte)

   ....

5 Sie hat uns nicht erklärt, wie das geht. (das)

   ....

6 Denkst du daran, die Blumen zu gießen? (an die Blumen)

   ....

3 **ⓐ** **Was passt? Ordnen Sie zu.**

1 Alles Gute / Herzlichen Glückwunsch zum   d   **a** neues Jahr.

2 Ein gutes / schönes   ☐   **b** Stadtfest!

3 Frohe   ☐   **c** Geburt eures Kindes. ■ bestandenen Führerscheinprüfung.

4 Ein schönes   ☐   **d** Geburtstag. ■ Namenstag. ■ Hochzeitstag.

5 Herzlichen Glückwunsch zur   ☐   **e** Ostern. ■ Pfingsten. ■ Weihnachten.

3 **ⓑ** **Gute Wünsche zum neuen Jahr. Welche haben Sie gehört? Kreuzen Sie an.**

1 ☐ Alles Gute im neuen Jahr.

2 ☐ Frohe Weihnachten und ein gutes neues Jahr!

3 ☐ Frohes Weihnachtsfest und ein gesundes und erfolgreiches neues Jahr.

4 ☐ Guten Rutsch ins neue Jahr.

5 ☐ Prosit Neujahr.

6 ☐ Viel Erfolg im neuen Jahr.

B „Guten Rutsch!"

4 **Ergänzen Sie die passenden Verben in der richtigen Form.**

beginnen ■ bringen ■ essen ■ ~~feiern~~ ■ haben ■ machen ■ passieren ■ schützen

1 Welche Feste *feiert* man in Ihrer Heimat?

2 Das neue Jahr .... am 1. Januar.

3 An Fasching und Silvester gehört es dazu, Lärm zu ....

4 An vielen Feiertagen gehört es dazu, gute Sachen zu ....

5 Dabei ist es wichtig, dass jeder genug zu essen ....

6 Ich schenke dir dieses Hufeisen. Das .... Glück und .... vor Unglück.

7 Mit diesem Glücksbringer kann dir nichts mehr ....

5 **ⓐ** **Was passt wo? Ordnen Sie die Textteile A–E zu.**

1 E Ort, Datum

2 ☐ Anrede

3 ☐ Hauptteil mit den Inhalten des Briefs

4 ☐ Schluss (letzter Satz)

5 ☐ Grußformel, Unterschrift

A Ich wünsche Dir einen guten Rutsch und alles Gute im neuen Jahr!

B wie geht es Dir? Mir geht es gut. Ich bin seit einer Woche in meiner Heimatstadt Heidelberg und feiere hier mit meinen Geschwistern Silvester. Das haben wir schon lange nicht mehr gemacht. Wir machen Spiele, und jeder bringt kleine Glücksgeschenke mit. Am Neujahrstag rufen Freunde und Verwandte an und wünschen ein frohes neues Jahr. Wie feierst Du Silvester?

C Viele Grüße von Deiner

Sonja

D Liebe Misako,

E Heidelberg, den 27. Dezember 20..

ⓑ **Lesen Sie weitere Wendungen und Ausdrücke für einen Antwortbrief.**
An welche Stelle passen sie? Notieren Sie die Ziffern 2–5 aus a.

1 ⌐4⌐ Ich freue mich auf Ihre Antwort! ◾ Schreib bald zurück! ◾ Schreib mir bald mal wieder! ◾
Ich freue mich, bald von Ihnen zu hören. ◾ Bis hoffentlich bald. ◾ Mach's gut.

2 ⌐2⌐ Lieber Valerio, ◾ Liebe Familie Kolb, ◾ Hallo Edith, ◾ Liebe Vera, lieber Max, ◾
Lieber Herr Schuster, ◾ Liebe Frau Maier, ◾ Liebe Manya und liebe Gabriele,

3 ⌐ ⌐ Tschüs, Dein/e ... ◾ Viele Grüße ◾ Viele liebe Grüße ◾ Schöne Grüße aus Heidelberg ◾
Lieber Gruß ◾ Lieben Gruß ◾ Alles Liebe!

4 ⌐ ⌐ vielen Dank für Ihre lieben Grüße aus ... ◾ über Deine Karte habe ich mich sehr gefreut. ◾
danke für Deine lieben Worte. ◾ vielen Dank für die liebe Karte. ◾ danke für die guten Wünsche. ◾
auch wir wünschen Dir / Euch alles Gute und ... ◾ das ist aber lieb, dass Du an mich / uns denkst. /
dass Sie an uns gedacht haben. ◾ wie geht es Dir/Ihnen? ◾

ⓒ **Die Anrede _du_ und _Sie_ in Briefen: groß oder klein? Was stimmt? Kreuzen Sie an.**

	immer groß	immer klein	groß oder klein[1]
1 Sie	⌐ ⌐	⌐ ⌐	⌐ ⌐
2 Du	⌐ ⌐	⌐ ⌐	⌐ ⌐

[1] In Briefen, E-Mails usw. kann man die Anrede du (dir / dich / dein-) und ihr (euch / euer-) klein- oder großschreiben.
Viele Deutsche finden die Großschreibung aber höflicher.

6   **Schreiben Sie eine Grußkarte / einen Brief mit den Wendungen und Ausdrücken aus Übung 5.**

Das sind Ihre Inhaltspunkte:

– Weihnachtsgrüße / Neujahrswünsche (Anrede: Du)
– was Sie machen (dieses Jahr Weihnachten nicht zu Hause sein / Weihnachtsurlaub mit Freunden
in Berlin machen und dort auch Silvester feiern / in einem schönen Hotel im Stadtzentrum / in Berlin
in dieser Zeit viel los sein)
– sich erkundigen (was an Weihnachten machen?)

Liebe ...,

...

7   Eine Antwortkarte / Ein Antwortbrief

ⓐ Lesen Sie die folgende Antwort auf einer Grußkarte.
Wo könnten die folgenden Wendungen und Ausdrücke passen? Notieren Sie 1 oder 2.
Vergleichen Sie mit dem Lösungsschlüssel.

danke für Deine liebe Karte ☐1☐ ■ Auch ich wünsche Dir schöne Weihnachten. ☐ ■ danke für die guten
Wünsche ☐ ■ Ein frohes Weihnachtsfest auch für Euch. ☐ ■ danke, dass Du an mich gedacht hast ☐

Lieber Michael,

1 ....

          Hinweis: nach dem Komma in der Anrede schreibt man klein weiter.

2 Ich bin wie jedes Jahr an Weihnachten bei meiner Familie. Wir treffen uns bei meiner
Schwester; meine Eltern kommen auch. Meine Schwester kocht immer etwas Gutes,
und danach gibt es Geschenke. Darauf freuen sich die Kinder ganz besonders.

3 ....

          Hinweis: Einen neuen Abschnitt fängt man groß an.

Deine Lilly

ⓑ Schreiben Sie eine Antwortkarte / einen Antwortbrief mit
den folgenden Inhaltspunkten und den Wendungen und Ausdrücken aus a.

– sich bedanken
– über sich schreiben (Wetter bei uns kalt sein / auch nicht zu Hause bleiben / in den Süden fahren,
wo es warm ist / eine Ferienwohnung haben / dort Weihnachten feiern / sich sehr darauf freuen)
– gute Wünsche

C   „Hals- und Beinbruch!"

WORTSCHATZ: Prüfungssituationen ········▶ zu Kursbuch Seite 15

8 **ⓐ** Welche Prüfungen und Tests haben Sie schon gemacht? Kreuzen Sie an.

1 ☐ Examen   6 ☐ Führerscheinprüfung
2 ☐ Klassenarbeit   7 ☐ Abschlussprüfung
3 ☐ Grammatiktest   8 ☐ Sprachprüfung
4 ☐ mündliche Prüfung   9 ☐ Abitur/Matura
5 ☐ schriftliche Prüfung

ⓑ Welche Verben passen? Kreuzen Sie an.

	bestehen	machen	schaffen	lernen	vorbereiten	haben
1 sich auf eine Prüfung	☐	☐	☐	☐	☐	☐
2 eine Prüfung	☐	☐	☐	☐	☐	☐
3 vor einer Prüfung Angst	☐	☐	☐	☐	☐	☐
4 für eine Prüfung	☐	☐	☐	☐	☐	☐
5 die Prüfung	☐	☐	☐	☐	☐	☐

9 Fragesätze und indirekte Fragesätze

WIEDERHOLUNG

a Lesen Sie die Fragen.
Wie antwortet man? Mit *ja/nein* oder mit einer Information?
Kreuzen Sie an.

	ja oder *nein*	Information
1 Wann beginnt das Fußballspiel?	☐	☒
2 Hast du Zeit?	☒	☐
3 Wo treffen wir uns?	☐	☐
4 Wie viel kostet eine Karte für das Spiel?	☐	☐
5 Findet das Spiel morgen statt?	☐	☐
6 Kommt das Spiel auch im Fernsehen?	☐	☐

b Zu welchen Fragen in a passen die folgenden Antworten? Notieren Sie.

1 25 Euro. Frage ....4....   3 Um 15.30 Uhr. Frage ....

2 Ja./Nein. Frage ....   4 Vor dem Stadion. Frage ....

c Formulieren Sie die Fragen in a als indirekte Fragen.

1 Weißt du, *wann das Fußballspiel beginnt* ....?

2 Ich möchte wissen, *ob du Zeit hast* ....

3 Kannst du mir sagen, ...?

4 Es würde mich auch noch interessieren, ...

5 Ich bin nicht sicher, ...

6 Ich weiß nicht, ...

d Machen Sie drei Tabellen wie in den Beispielen 1–3 und tragen Sie die Sätze
aus a und c in die passende Tabelle ein.

1 Ja/Nein-Frage

Verb	weitere Satzteile
Hast	du Zeit?
...	

2 Informationsfrage

Fragewort	Verb	weitere Satzteile
Wann	beginnt	das Fußballspiel?
...		

3 Indirekte Frage

		indirekte Frage (Nebensatz)	
Einleitung	Konjunktion	weitere Satzteile	Verb
Weißt du,	wann	das Fußballspiel	beginnt?
Ich möchte wissen,	ob	du Zeit	hast.
...			

e Lesen Sie die folgenden Sätze und markieren Sie das Satzzeichen am Ende. Wann steht ein Fragezeichen? Wann ein Punkt? Kreuzen Sie an.

1 Er hat nicht gesagt, woher er das weiß.
2 Hast du eine Idee, wie diese Maschine funktioniert?
3 Ich habe gefragt, ob du noch Kuchen möchtest.
4 Ich hätte gern gewusst, wie viel eine Fahrkarte nach Rügen kostet.
5 Können Sie mir sagen, ob heute noch ein Zug nach Rügen fährt?

	Punkt	Fragezeichen
Aussagesatz (Satz 1, 3, 4)	☐	☐
Fragesatz (Satz 2, 5)	☐	☐

f *wo(r)*+Präposition oder Präposition+Fragewort?
Welche Fragen beziehen sich auf eine Person? Kreuzen Sie an.
Hören Sie dann die Dialoge und vergleichen Sie Ihre Lösungen.

1 ☐ Woran denkst du?　　　　　　4 ☐ Worüber lachst du?
　☐ An wen denkst du?　　　　　　　☐ Über wen lachst du?

2 ☐ Über wen habt ihr gesprochen?　5 ☐ Über wen ärgerst du dich gerade?
　☐ Worüber habt ihr gesprochen?　　☐ Worüber ärgerst du dich gerade?

3 ☐ Mit wem haben Sie das gemacht?
　☐ Womit haben Sie das gemacht?

10 **a** Nach welchen Informationen wird in dem folgenden Formular gefragt?
Ordnen Sie die Fragen 1–12 zu.

Antrag auf Wohngeld

Angaben zur Person

⑨ Familienname　_____

　Geburtsname　_____

　Vorname　_____

☐ Geburtsdatum　　　　☐ Geburtsort　　　　☐ m　w

☐ Beruf　　angestellt　selbstständig

☐ Anschrift der Wohnung　_____

　Straße, Hausnummer　_____

　PLZ _____　Ort _____

☐ Familienstand:　ledig　verheiratet　geschieden　getrennt lebend

☐ Kinder:　ja　nein　☐ Anzahl der Kinder

Angaben zur Wohnung

☐ Einzugsdatum　_____

☐ Wohnfläche　_____

☐ Miete　_____

1	Haben Sie Kinder?		7	Wie groß ist die Wohnung?
2	Wie viele Kinder haben Sie?		8	Sind Sie ledig oder verheiratet?
3	Wo sind Sie geboren?		9	Wie heißen Sie?
4	Sind Sie Angestellter?		10	Wie viel Miete bezahlen Sie?
5	Sind Sie männlich oder weiblich?		11	Wann sind Sie geboren?
6	Wann sind Sie in die Wohnung eingezogen?		12	Wo wohnen Sie? / Wie ist Ihre Adresse?

ⓑ Erklären Sie in einfachen Worten, was man in das Formular schreiben muss.

Man muss in das Formular schreiben, ...

a heißen *wie man heißt.*

b männlich/weiblich sein *ob man männlich oder weiblich ist.*

c geboren sein 1 ....

  2 ....

d angestellt/selbstständig sein ....

e wohnen ....

f ledig/verheiratet sein ....

g Kinder 1 ....

  2 ....

h eingezogen ....

i groß sein (Wohnung) ....

j Miete ....

ⓒ Ergänzung im Akkusativ oder Satz?

ERTIEFUNG

1 Lesen Sie die folgenden Beispielsätze. Achten Sie auf die markierten Satzteile.

a Ich weiß, wie Sie heißen. c Ich weiß, wo er wohnt.

b Ich kenne Ihren Namen. d Ich kenne seine Adresse.

2 Was haben Sie beobachtet? Ergänzen Sie.

eine Ergänzung im Akkusativ ▪ ein Satz

Nach *wissen* folgt .... , nach *kennen* folgt ....

SÄTZE BAUEN: jemandem Mut machen ········▶ zu Kursbuch Seite 15

11 **Welche Reaktionen passen zu Zeichnung A, welche zu Zeichnung B?**
Ordnen Sie zu. Es gibt mehrere Möglichkeiten.

a Hals- und Beinbruch! ▪ b Kopf hoch! ▪ c Du schaffst das. ▪ d Viel Glück. ▪ e Wird schon nicht so schlimm.

12 ⓐ **Bringen Sie die Dialogteile in eine sinnvolle Reihenfolge.**
Hören Sie dann und überprüfen Sie Ihre Lösungen.

🔊 5   **Dialog 1**

1 ☐ ● Ja, aber ich habe Angst, dass es nicht klappt.
          Wenn ich durchfalle, muss ich noch mal Fahrstunden nehmen, das kostet wieder Geld.
2 ☐ ■ Warum denn? Erzähl.
3 ☐ ● Doch, doch. Ganz viele.
4 ☐ ■ Und, hattest du nicht genug Fahrstunden?
5 ☐ ● Morgen ist meine Führerscheinprüfung.
6 ☑ ■ Hallo, wie geht's?
7 ☐ ■ Das ist doch gut, dann kannst du selbst Auto fahren.
8 ☐ ● Ach, ich bin ein bisschen nervös.
9 ☐ ■ Keine Angst, du schaffst das.

🔊 6   **Dialog 2**

1 ☐ ● Dann bist du ja jetzt gut vorbereitet.
2 ☐ ● Man sieht dich ja gar nicht mehr. Was ist denn mit dir los?
3 ☐ ■ Ja schon, aber ich will ein sehr gutes Examen machen. Sonst habe ich keine Chance,
          einen guten Job zu bekommen. Deshalb lerne ich Tag und Nacht.
4 ☐ ■ Stimmt schon, trotzdem habe ich das Gefühl, dass ich nicht genug weiß.
5 ☐ ● Keine Angst, es wird schon nicht so schlimm. Ich habe es ja auch geschafft.
6 ☐ ■ In einer Woche habe ich Abschlussprüfung.
7 ☐ ● Aber du hast doch bis jetzt gute Noten. Du kannst doch alles. Mach dir doch nicht so einen Stress.

🔊 7   ⓑ **Lesen Sie den Dialog und ergänzen Sie die fehlenden Dialogteile.**
Hören Sie anschließend den Text und vergleichen Sie.

┄┄┄
a Doch, doch. Ich habe alles über die Firma gelesen. Und ich habe auch ein Bewerbungstraining gemacht. ■
b Doch, ich habe ja viele Praktika gemacht. ■ **c** Du weißt doch, ich hatte vor ein paar Wochen Examen und
jetzt habe ich ein Vorstellungsgespräch. ■ **d** Grüß dich, Anabell. ■ **e** Ach, ich weiß nicht.
Ich hab einfach so ein schlechtes Gefühl. Was ist, wenn es nicht klappt?
┄┄┄

◆ Hallo Sükrü, schön, dich zu sehen.

● *d*

◆ Was ist denn mir dir los? Seit Tagen gehst du nicht ans Telefon. Und hier beim Fitness sieht man dich
    auch nicht mehr. Da stimmt doch was nicht. Also, sag schon, was ist mit dir los?

● ☐

◆ Ein Vorstellungsgespräch? Das ist doch super! In der Firma, wo du dich beworben hast?

● Hmm. Ich bin aber so nervös. Wenn ich das nicht schaffe, bleibe ich arbeitslos.

◆ Und, hast du dich nicht vorbereitet?

● ☐

◆ Was ist es dann? Hast du die Qualifikation nicht?

● ☐

◆ Was ist dann das Problem?

● ☐

◆ Ach, das klappt schon. Komm, jetzt gehen wir erst mal einen Kaffee trinken.
    Und weißt du was, wenn es nicht klappt, dann bekommst du den nächsten Job, mit deinen tollen Noten!

D Drei E-Mails – drei Reaktionen

SÄTZE BAUEN: auf eine E-Mail telefonisch reagieren ········▶ zu Kursbuch Seite 16

13 **a** Lesen Sie die Reaktionen. Welche sagt man in Situation A, welche in Situation B?
Ordnen Sie zu und vergleichen Sie mit dem Lösungsschlüssel.

 A geschafft / bestanden

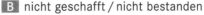 B nicht geschafft / nicht bestanden

1, 2, ~~3, 4~~, 3, 7, 9, 10, 11, 12, 15,   2, , 4, 6, 5, 8, 13, 14,

1   Beim nächsten Mal klappt es.
2   Beim nächsten Mal schaffst du es. Nur nicht die Hoffnung verlieren.
3   Gratulation. Toll gemacht.
4   Das kann doch jedem mal passieren, das ist doch nicht so schlimm. Kopf hoch!
5   Es tut mir wirklich leid, dass du das nicht geschafft hast,
    aber beim nächsten Mal klappt es sicher.
6   Es tut mir wirklich leid, dass du die Stelle nicht bekommen hast. Die nächste bekommst du sicher.
7   Fantastisch! Ich freue mich ja so, dass du jetzt fertig bist.
8   Das ist wirklich Pech.
9   Herzlichen Glückwunsch.
10 Ich bin sehr froh, dass du das geschafft hast.
11 Ich gratuliere dir zu deinem Erfolg.
12 Ich weiß nicht, wie du das immer machst, du Glückspilz.
13 Kopf hoch. Ist doch nicht so schlimm.
14 Schade, dass du das nicht geschafft hast.
15 Schön, dass du die Prüfung bestanden hast.

8 **b** Welche Reaktion passt? Kreuzen Sie an. Manchmal passen mehrere.
Hören Sie dann die Dialoge, sprechen Sie sie nach und überprüfen Sie Ihre Lösungen.

1 ● Ich habe die Führerscheinprüfung bestanden.
  ■ a Gratulation. ☑   b Kopf hoch! ☐   c Herzlichen Glückwunsch. ☑

2 ● Ich muss die Prüfung nächste Woche noch mal machen.
  ■ a Das freut mich. ☐   b Keine Angst, diesmal klappt es. ☑   c Viel Glück! Du schaffst das. ☑

3 ● Ich habe nachher einen wichtigen Termin.
  ■ a Viel Erfolg. ☑   b Mach's gut! ☑   c Gratuliere! ☐

4 ● Ich habe mein Handy schon wieder verloren.
  ■ a Das ist wirklich Pech. ☑   b Diesmal klappt es. ☐   c Das tut mir leid. ☑

5 ● Ich habe fünftausend Euro gewonnen.
  ■ a Ich weiß nicht, wie du das immer machst, du Glückspilz. ☑   b Herzlichen Glückwunsch! ☑
    c Da kann man nichts machen! ☐

c Was passt wo in einer E-Mail? Ordnen Sie zu.

a Bezug auf eine Mail, die man bekommen hat. [3]
b Trost bei einem Misserfolg [1]
c Glückwunsch zu einem Erfolg [2]

- -

1 Kopf hoch. ■ Ist doch nicht so schlimm. ■ Das ist wirklich Pech. ■ Schade, dass ... ■
   Es tut mir (wirklich) leid, (dass ...,) (aber ...). ■ Beim nächsten Mal schaffst Du es. ■
   Nur nicht die Hoffnung aufgeben. Beim nächsten Mal klappt es. ■ Das kann doch jedem mal passieren.

- -

2 Herzlichen Glückwunsch. ■ Gratulation. ■ Schön, dass ... ■ Ich bin sehr froh, dass ... ■ Fantastisch! ■
   Ich freue mich (ja so), dass ... ■ Ich weiß nicht, wie Du das immer machst, Du Glückspilz.

- -

3 Ich habe gerade Deine E-Mail gelesen. ■ Danke für Deine E-Mail. ■ Schön, von Dir zu hören. ■
   Danke für Deine Nachricht.

- -

d Lesen Sie die folgenden Mailnachrichten.
Wählen Sie eine aus und reagieren Sie mit einer E-Mail.

Ihre Bekannte / Ihr Bekannter / Ihre Freundin / Ihr Freund hat

A ... ein Auto gewonnen.
B ... ihr / sein Handy verloren.
C ... einen Preis bei einem Sportwettkampf gewonnen.
D ... ein Stipendium bekommen.
E ... kurz vor dem Urlaub einen Unfall gehabt. Das Auto ist ganz kaputt.

Darüber hinaus

14 **a** Wortakzent
 Hören und lesen Sie die Wörter. Welche Silbe wird betont? Unterstreichen Sie sie.
Vergleichen Sie mit dem Lösungsschlüssel. Hören Sie dann noch einmal und sprechen Sie nach.

1 Geburtstag	4 Nationalfeiertag	7 Alltag	10 Tagescreme
2 Hochzeitstag	5 Jahrestag	8 Tagesausflug	11 Tageskurs
3 Namenstag	6 Bundestag	9 tagsüber	12 Tagesstätte

10 **b** Satzakzent: Was wird im Satz betont?
Hören Sie. Markieren Sie den Satzakzent. Vergleichen Sie mit dem Lösungsschlüssel.
Hören Sie dann noch einmal und sprechen Sie die Sätze nach.

1 Frohe Ostern!	7 Wird schon nicht so schlimm.
2 Schöne Pfingsttage!	8 Es tut mir wirklich leid.
3 Frohe Weihnachten!	9 Viel Spaß.
4 Alles Gute zum Geburtstag!	10 Viel Glück.
5 Ein schönes neues Jahr!	11 Das ist Pech.
6 Kopf hoch.	

Hinweis: Sie können die Übungen zu Prüfungen jetzt machen oder, wenn Sie noch unsicher sind, zu einem späteren Zeitpunkt.

15 **Einen Antwortbrief schreiben**

ⓐ Lesen Sie die folgende Situation und den Brief / die E-Mail.

Sie haben im letzten Deutschkurs Pedro, einen netten Italiener, kennengelernt. Er ist, wie Sie, Koch. Sie haben ihm deshalb geschrieben und ihn eingeladen. Er hat Ihnen auch gleich geantwortet.

> Liebe/r ......
> danke für Deine liebe Einladung. Ich habe mich sehr gefreut. Ich besuche Dich sehr gern, aber ich habe noch ein paar Fragen. Ich könnte im Januar oder im September kommen. Was passt Dir besser? Ich könnte dann drei Wochen bleiben. Ich würde natürlich sehr gern Eure typischen Speisen kennenlernen. Könntest Du mir etwas Typisches kochen? Ich war noch nie in Deinem Heimatland, ich weiß also gar nicht, wie die Gegend aussieht. Ich bin schon sehr gespannt. Soll ich Dir etwas aus Italien mitbringen? Öl, Nudeln oder etwas anderes?
> Herzliche Grüße
> Pedro

ⓑ Antworten Sie Ihrem Bekannten in einem Brief / in einer E-Mail.

Schreiben Sie etwas zu folgenden Punkten:

– wann es für Sie besser ist (Januar)
– was Sie für ihn kochen wollen
– welche Ausflüge Sie mit ihm machen wollen
– was er mitbringen könnte

Überlegen Sie sich eine passende Reihenfolge für diese Punkte.
Denken Sie an die Anrede und an das Datum. Schreiben Sie einen passenden ersten Satz und einen passenden Schluss. Denken Sie an die Schlussformel.

16 **Diskussion im Radio: Wer sagt das?**

**ⓐ Lesen Sie die folgenden Aussagen. Hören Sie dann den Text einmal.
Wer hat das gesagt? Kreuzen Sie an.**

	Haas	Moderatorin	Sauer
1 Menschen geben jedes Jahr noch mehr Geld für Weihnachtsgeschenke aus.	☐	☐	☐
2 Jedes Kind bekommt ein Geschenk.	☐	☐	☐
3 Große Geschenke sind kein Zeichen von Liebe.	☐	☐	☐
4 Ein Geschenk soll zu der Person passen.	☐	☐	☐
5 Man soll mit den Kindern über ihre Wünsche sprechen.	☐	☐	☐
6 Man soll die Person, die ein Geschenk bekommt, ernst nehmen.	☐	☐	☐
7 Man soll den Menschen nicht das schenken, was man selbst haben möchte.	☐	☐	☐
8 Bei Kindern muss man beim Schenken gerecht sein.	☐	☐	☐

**ⓑ Lesen Sie dann die Aussagen noch einmal, bei denen Sie nichts angekreuzt haben.
Hören Sie dann den Text noch einmal und achten Sie besonders auf diese Aussagen.**

Die liebsten Freizeitbeschäftigungen

WORTSCHATZ: Freizeit ······▶ zu Kursbuch Seite 22

1 Freizeitbeschäftigungen

ⓐ **Was machen Großeltern / Eltern / Kinder Ihrer Meinung nach am Wochenende? Ordnen Sie zu oder schreiben Sie.**

a ausgehen ☐ ▪ b sich ausruhen ☐ ▪ c Computerspiele machen ☐ ▪ d einkaufen / shoppen gehen ☐ ▪ e E-Mails schreiben ☐ ▪ f essen gehen ☐ ▪ g faul sein ☐ ▪ h feiern ☐ ▪ i fernsehen ☐ ▪ j Filme ansehen ☐ ▪ k im Internet surfen ☐ ▪ l ins Kino gehen ☐ ▪ m ins Museum gehen ☐ ▪ n Rad fahren ☐ ▪ o Radio hören ☐ ▪ p schwimmen gehen ☐ ▪ q spazieren gehen ☐ ▪ r Sport machen ☐ ▪ s einen Kurs besuchen ☐ ▪ t tanzen gehen ☐ ▪ u ins Theater gehen ☐ ▪ v wandern ☐ ▪ w Zeitung lesen ☐ ▪ x etwas mit der Familie unternehmen ☐ ▪ y in einem sozialen Projekt mitarbeiten ☐ ▪ …

Großeltern .... Eltern .... Kinder ....

ⓑ **Was sollten Schülerinnen und Schüler Ihrer Meinung nach in der Schule noch lernen oder machen? Kreuzen Sie an.**

Ausstellungen besuchen ☐ ▪ Autorennen anschauen ☐ ▪ basteln ☐ ▪ bergsteigen ☐ ▪ Bilder malen ☐ ▪ Bücher lesen ☐ ▪ ein Instrument spielen ☐ ▪ etwas über Kunst lernen ☐ ▪ Gedichte schreiben ☐ ▪ Bilder anschauen ☐ ▪ gemeinsam joggen ☐ ▪ Geschichten erzählen ☐ ▪ Fotos machen ☐ ▪ Gymnastik machen ☐ ▪ Handball spielen ☐ ▪ klettern ☐ ▪ sich mit Literatur beschäftigen ☐ ▪ Tennis spielen ☐ ▪ zeichnen ☐

ⓒ **Ergänzen Sie die passende Präposition.**

auf dem ▪ ~~auf den~~ ▪ auf eine ▪ auf einer ▪ im (2x) ▪ in der ▪ in die ▪ ins (2x)

1 *auf den* .... Sportplatz gehen; .... Sportplatz sein

2 .... Schwimmbad gehen; .... Schwimmbad sein

3 .... Party gehen; .... Party sein

4 .... Disco gehen; .... Disco sein

5 .... Fußballstadion gehen; .... Fußballstadion sein

ⓓ **Welches Verb passt? Kreuzen Sie an. Es gibt manchmal mehrere Möglichkeiten.**

	haben	spielen	besuchen	anschauen	besichtigen	machen	treiben
1 ein Foto	☐	☐	☐	☐	☐	☐	☐
2 Sport	☐	☐	☐	☐	☐	☐	☐
3 eine Party	☐	☐	☐	☐	☐	☐	☐
4 Schach	☐	☐	☐	☐	☐	☐	☐
5 ein Konzert	☐	☐	☐	☐	☐	☐	☐
6 frei	☐	☐	☐	☐	☐	☐	☐
7 einen Spaziergang	☐	☐	☐	☐	☐	☐	☐
8 eine Ausstellung	☐	☐	☐	☐	☐	☐	☐
9 eine DVD	☐	☐	☐	☐	☐	☐	☐
10 eine Veranstaltung	☐	☐	☐	☐	☐	☐	☐

2 Steigerung der Adjektive

ⓐ Formen

1 **Regelmäßige Steigerung (gilt für die meisten Adjektive):**
Machen Sie sich eine Tabelle und ergänzen Sie die Formen. Wählen Sie dazu einige aus den folgenden Adjektiven aus. Markieren Sie die Endungen.

aktuell ◼ bekannt ◼ bequem ◼ berühmt ◼ billig ◼ einfach ◼ freundlich ◼ glücklich ◼ interessant ◼ klein ◼ leicht ◼ lustig ◼ nett ◼ neu[1] ◼ sauber ◼ schlecht ◼ schnell ◼ schön ◼ schwer ◼ spannend ◼ spät ◼ süß ◼ weit ◼ wichtig ◼ ...

[1] Manchmal kann man auch *am neuesten* lesen oder hören.

	Komparativ	Superlativ
bequem	bequemer	am bequemsten
...	...	...

2 **Steigerung mit Umlaut:**
Machen Sie eine Tabelle und ergänzen Sie die folgenden Adjektive.

alt ◼ arm ◼ dumm ◼ groß ◼ hart ◼ jung ◼ kalt ◼ kurz ◼ lang ◼ scharf ◼ schwach ◼ schwarz ◼ stark ◼ warm

	Komparativ	Superlativ
alt	älter	am ältesten
...	...	...

3 **Zwei Ausnahmen:**
Lernen Sie die beiden Ausnahmen.

	Komparativ	Superlativ
hoch	höher	am höchsten
teuer	teurer	am teuersten

4 **Steigerung mit anderen Wörtern:**
Ergänzen Sie die Tabelle.

lieber ◼ am besten ◼ besser ◼ am liebsten ◼ am meisten ◼ mehr

	Komparativ	Superlativ
gern	lieber	
gut		am besten
viel		

ⓑ Ergänzen Sie passende Steigerungsformen. Es gibt manchmal mehrere Möglichkeiten.

1 Das inoffizielle Motto der Olympischen Spiele: ...höher... , ... , ... (hoch, schnell, weit)

2 In diesem Restaurant ist das Essen wirklich .... (gut), aber man bezahlt auch .... (viel)

3 In Rot gefällt mir dieses Auto .... als in Grün, das muss ich schon sagen. (gut)

4 Nein, auf Sport habe ich heute Abend keine Lust. Ich würde .... ins Kino gehen. (gern)

5 Tausend Euro für diese Wohnung? Das ist .... als ich bezahlen kann. (viel)

6 Wenn du mal richtig viel Hunger hast, dann geh zu Schnitzel-Max. Dort sind die Portionen .... (groß)

c Ergänzen Sie jeweils die passende Steigerungsform. Achten Sie auf die Endung.

1 Das .beste........... Bier (gut) gibt es in Köln, sagen die Kölner.

2 Das ist wirklich der .... Witz (dumm) der Welt!

3 Die .... Schnitzel (groß) bekommt man bei Schnitzel-Max.

4 Ich bin fast alleine im Büro. Die .... Kollegen (viel) sind in Urlaub.

5 Ich brauche eine .... Hose (lang). Die hier ist zu kurz.

6 Nikodemo ist das .... Pferd (gut), das wir haben. Ein .... (gut) gibt es nicht.

7 Unser Fußballverein hat dieses Jahr eine .... Mannschaft (erfolgreich) als im letzten Jahr.

d Korrigieren Sie die markierten Fehler.

1 Ich fand den ersten Film mehr interessant! .....interessanter..................

2 Lass uns lieber wieder ans Meer fahren. Dort war es sehr schöner. ....

3 Joggen ist okay, aber Radfahren mag ich viel gerner. ....

4 Probier mal dieses Eis. Das ist mehr besser. ....

5 Du hast recht: Dieses Eis ist wirklich sehr besser. ....

6 Im Zentrum kosten die Wohnungen am meistens. ....

3 **a** Lesen und hören Sie die folgenden Sätze.
Achten Sie auf die markierten Ausdrücke. Sprechen Sie die Sätze nach.

1 Das fand ich total interessant.
2 ● Die Suppe war echt super. ■ Wirklich? Ich fand sie nicht besonders gut.
3 Das Fahrrad ist ganz neu.
4 Die Gegend hier ist sehr einsam.
5 Johannes macht ein Auslandspraktikum. Das finde ich wirklich gut.
6 Du fährst heute ziemlich schnell, mein Lieber!
7 Dieser Film heute war wirklich gut.
8 Nein, das ist nicht schlimm. Das war nicht so wichtig.

b Lesen Sie die Sätze. Wie finden die Leute das? Kreuzen Sie die richtige Lösung an.

WIEDERHOLUNG

1 Die Musik ist zu laut.   3 Weißt du, was dein Problem ist? Du bist zu nett.
2 Das Eis gestern war zu süß.   4 Da ist einfach zu viel Schnee draußen. Ich bleibe heute zu Hause.

Die Leute ☐ mögen das / finden das gut. ☐ mögen das nicht / finden das nicht gut.

c Welche Aussagen passen zu den Bildern?
Ordnen Sie zu und übersetzen Sie dann in Ihre Muttersprache.

1 Ich will ja ein kleines Auto, aber das nehme ich nicht, das ist mir ein bisschen zu klein.
2 Guck mal, dem war es sicher viel zu kalt.
3 Hmm, ich weiß nicht, für einen Strandurlaub ist das doch etwas zu einsam, oder?

4　**ⓐ** Was passt? Ordnen Sie zu. Es gibt manchmal mehrere Möglichkeiten.

　　ⓑ Sie können die Wendungen und Ausdrücke a–l auch notieren. Achten Sie auf die Groß-
　　und Kleinschreibung am Satzanfang. Vergleichen Sie mit dem Lösungsschlüssel.

---

a am liebsten ▪ **b** das finde ich total gut ▪ **c** das gefällt mir ▪ **d** das ist mir nicht so wichtig ▪ **e** das mache ich nicht so gern ▪ **f** das macht mir viel Spaß ▪ **g** die finde ich total gut ▪ **h** ich fotografiere auch sehr gern ▪ **i** ich interessiere mich nicht für ▪ **j** ich spiele gern ▪ **k** mache ich nicht besonders gern ▪ **l** finde ich nicht besonders interessant

---

1　● Hast du gestern das Fußballspiel gesehen?

　　■ Nein, [i] *ich interessiere mich nicht für* .... Sport.

2　● Was machst du am liebsten in deiner Freizeit?

　　■ [ ] .... höre ich Musik. Aber [ ] ....

3　● Im Urlaub brauche ich Sonne und Wärme.

　　■ Das [ ] .... Ich interessiere mich mehr für Städte und Landschaften.

4　● Gehst du gern ins Kino?

　　■ Ja, am liebsten in Liebesfilme. [ ] ....

5　● Wie ist es bei dir mit Sport?

　　■ [ ] .... Handball.

　　● Ich jogge lieber, besonders am Wochenende. Sollen wir mal zusammen joggen?

　　■ Joggen? Mmm, lieber nicht, [ ] ....

6　● Und wofür interessierst du dich noch?

　　■ Computerspiele. [ ] .... Ich gehe oft zu Computerpartys.

　　　Aber Informatik [ ] ....

7　● Und was ist dein Hobby? Was machst du so in deiner Freizeit?

　　■ Ich gehe gern shoppen. [ ] ....

8　● Ich gehe regelmäßig ins Fitnessstudio.

　　■ Und was machst du da genau?

　　● Ach, eigentlich alles an den Geräten. Nur Gruppentraining [ ] ....
　　　Welchen Sport treibst du?

　　● Keinen.

🔊 13　**ⓒ** Lesen und hören Sie einzelne Sätze noch einmal und sprechen Sie sie nach.

1　Ich interessiere mich nicht für Sport.
2　Am liebsten höre ich Musik.
3　Aber ich fotografiere auch sehr gern.
4　Das ist mir nicht so wichtig.
5　Ich interessiere mich mehr für Städte und Landschaften.
6　Die finde ich total gut.
7　Ich spiele gern Volleyball.

8　Ich jogge lieber.
9　Das mache ich nicht so gern.
10　Das finde ich total gut.
11　Das macht mir viel Spaß.
12　Das gefällt mir.
13　Nur Gruppentraining, das mache ich nicht besonders gern.

B Sag mir, was du hörst ...

WORTSCHATZ: Musik ······▶ zu Kursbuch Seite 24

5 **ⓐ** **Lesen Sie die folgenden Fragen.**
Welche Antwort passt? Kreuzen Sie an.

1 Kannst du mal Musik anmachen?

a ☐ Was soll ich spielen, Klavier oder Flöte?

b ☐ Welche CD willst du denn hören? Die von ...?

2 Hätten Sie Lust, unser Orchester zu leiten?

a ☐ Nein, ich kann den Orchesterbus nicht fahren, ich habe leider keinen Führerschein.

b ☐ Ja gern, mit diesem Orchester gemeinsam Musik zu machen, war immer schon mein Traum.

3 Kannst du mir die MP3s herunterladen?

a ☐ Ja gern, mach schon mal den Computer an.

b ☐ Nein, ich komme nicht dran, das Regal ist zu hoch.

ⓑ **Wann macht man selbst Musik? Kreuzen Sie an.**

1 ☐ ein Instrument spielen
2 ☐ ein Orchester leiten
3 ☐ eine CD einlegen
4 ☐ Gitarre und Flöte spielen
5 ☐ in einer Band singen
6 ☐ in ein Konzert gehen
7 ☐ Lieder schreiben
8 ☐ mit Freunden Musik machen
9 ☐ MP3s herunterladen
10 ☐ Radio hören

ⓒ **Wie finden Sie diese Musikstile? Kreuzen Sie an.**

VERTIEFUNG

	altmodisch	interessant	langweilig	gut/toll
1 alternative Musik	☐	☐	☐	☐
2 Blues	☐	☐	☐	☐
3 Country	☐	☐	☐	☐
4 Disco	☐	☐	☐	☐
5 Jazz	☐	☐	☐	☐
6 Klassik	☐	☐	☐	☐
7 Latin	☐	☐	☐	☐
8 Musik aus der Heimat	☐	☐	☐	☐
9 Pop	☐	☐	☐	☐
10 Tanzmusik	☐	☐	☐	☐
11 Volksmusik	☐	☐	☐	☐
12 Oper	☐	☐	☐	☐

6 Pronomen und Artikelwörter

ⓐ Lesen Sie die Sätze. Welche Wörter sind Pronomen, welche sind Artikelwörter? Ergänzen Sie P (Pronomen) oder A (Artikelwörter).

1 Ich weiß nicht, wo A deine Uhr ist. Ich habe P sie nicht gehabt.
2 Gib ⬚ das her. Das ist ⬚ meins!
3 Schau mal, ⬚ die Uhr! ⬚ Die gefällt mir. So ⬚ eine wollte ich schon lange.
4 Du brauchst ⬚ kein Geld mitnehmen. Ich habe ⬚ welches dabei.
5 Ich brauche ⬚ deinen Hausschlüssel. Ich habe nämlich ⬚ keinen.
6 ⬚ Unsere Autos verkaufen sich gut. ⬚ Diese hier sind schon verkauft.

ⓑ Wie sind die Regeln richtig? Kreuzen Sie an und notieren Sie Beispiele aus a. Vergleichen Sie mit dem Lösungsschlüssel.

1 ⬚ Pronomen ⬚ Artikelwörter stehen <u>vor</u> einem Nomen.

....

2 ⬚ Pronomen ⬚ Artikelwörter stehen <u>allein</u>. Sie stehen <u>für</u> eine Person oder eine Sache.

....

2

7 Personalpronomen

ⓐ Ergänzen Sie die fehlenden Formen in der Tabelle.

Nominativ	Akkusativ	Dativ
ich	....	....
du	*dich*	....
Sie (Singular)	*Sie*	....
er	....	....
es	....	....
sie (Singular)	....	....
wir	....	*uns* ....
ihr	....	....
sie	....	....
Sie (Plural)	....	....

ⓑ Ergänzen Sie die Pronomen in der richtigen Form.

1 Hast du _mich_ gerufen? (ich)

2 Nein, ich kenne _____ nicht. (er)

3 Wie geht es _____ ? (Sie)

4 Kannst du _____ dein Auto leihen? (ich)

5 Ich habe _____ eine Mail geschrieben. (sie – Singular)

6 Das Handy? Nein, ich habe _____

   noch nicht gefunden. (es)

7 Ich habe _____ doch gesagt, dass ich etwas später komme! (ihr)

8 Es freut _____ sehr, dass Sie gekommen sind. (wir)

9 Ich habe _____ gestern in der Stadt gesehen. (ihr)

10 Du sollst bitte kommen und _____ helfen. (er)

11 Tut mir leid, ich kenne _____ nicht. (Sie)

12 Ich habe _____ das noch nicht gesagt. (sie – Plural)

---

8 **Ergänzen Sie das passende Demonstrativpronomen.**
Es gibt manchmal mehrere Möglichkeiten.

das ■ dem ■ den ■ der ■ die ■ diese

1 Die neue CD? _Die_ habe ich. _____ ist wirklich toll.

2 Hast du _____ noch nie gesehen? _____ stand doch gestern schon hier.

3 Deine Schwester hat das Flugzeug verpasst? _____ passiert immer so etwas!

4 Hast du _____ gewusst?

5 Schau mal, wie _____ wieder aussieht.

6 Nein, _____ leihe ich mein Auto nicht mehr!

7 Die Hosen passen mir alle gut. Aber ich nehme _____ , _die_ ist nicht so teuer.

8 Die Bremsen an deinem Fahrrad funktionieren nicht. Mit _____ kannst du nicht mehr fahren.

---

9 **Possessivpronomen und Indefinitpronomen**

ⓐ Lesen Sie die Sätze und unterstreichen Sie die Endungen der Possessivpronomen.
Wie ist die Regel? Kreuzen Sie an.

1 Der Computer hier – ist das _Ihrer_?
2 Wie viele Schüler gibt es in der Schule hier? In _unserer_ sind jetzt 1200.
3 Und wem gehören diese Schuhe? Sind das _deine_?
4 Dieses Fahrrad kenne ich nicht, das ist nicht _meins_.

Die Endungen des bestimmten Artikels und des Pronomens sind ⬚ unterschiedlich ⬚ gleich.

ⓑ Ergänzen Sie die Indefinitpronomen in der richtigen Form.

   1 Ich habe *meinen* nicht dabei. (mein)

   2 Das ist nicht .... (mein)

   3 Nein, ich habe .... nicht gewaschen. (dein)

   4 Klar, darfst du mit .... fahren. (mein)

   5 War das .... ? (dein)

   6 Ich habe .... nicht! (Ihr)

2

ⓒ Wie viele haben *Sie* davon? Ergänzen Sie das Indefinitpronomen.

ein- ◼ einig- ◼ kein- ◼ viel- ◼ wenig-

1 Schuhe   ....
2 Autos   ....
3 CDs   ....
4 Kinder   ....

ⓓ Ergänzen Sie das passende Indefinitpronomen.

alle ◼ etwas ◼ jemand ◼ keinen ◼ nichts ◼ manche ◼ niemandem ◼ welchen

1 Der Kuchen ist aber lecker. Gibt's noch *welchen* ?
2 Nein, leider gibt es .... mehr.
3 Ich bin ein großer Beatles-Fan. Ihre Lieder mag ich ....
4 Hast du .... gesagt?
5 Nein, ich habe .... gesagt.
6 Ich habe mit .... gesprochen.
7 Ich glaube, da war .... an der Tür.
8 Schon wieder Flaschen im Altpapier! .... lernen das nie.

10   Das Indefinitpronomen *man* / Verben mit *es*

a Was bedeutet dieses Schild? Kreuzen Sie an.

1 ☐ Man darf hier nicht parken.
2 ☐ Ein Mann darf hier parken.
3 ☐ Frauen dürfen hier parken.

b *Mann*, *man*, *er* oder *sie*? Ergänzen Sie.

1 Man.................... findet hier nie einen Parkplatz. Das macht mich wirklich nervös.

2 Siehst du, das ist mein .... findet immer einen Parkplatz, ich nie.

3 Wenn .... eine Frau ist, darf .... sein Auto auf den Frauenparkplatz stellen.

4 Was steht da? .... darf hier nicht schwimmen? Das ist mir egal, ich gehe jetzt ins Wasser,
   ich schwimme ja nicht.

5 Nein, Lisa ist erkältet. .... darf heute nicht ins Wasser.

6 Wenn .... erkältet ist, sollte .... nicht ins Wasser gehen.

14 **c** Einige Verben mit *es*. Lesen und hören Sie die Sätze. Sprechen Sie sie nach.

1 Wie riecht es denn hier? Ich glaube, es brennt.
2 Regnet es oder schneit es schon?
3 So können wir nicht weitermachen. Mir reicht's jetzt!
4 Na, schmeckt's?
5 Ich wollte sie immer mal treffen, aber es hat nie geklappt.

Hinweis: In diesen Fällen gilt: *es* + Verb (dritte Person) bilden einen festen Ausdruck.

GRAMMATIK: Modalpartikel *eigentlich*   ┄┄┄► zu Kursbuch Seite 24

11   *eigentlich* in der Bedeutung von *in Wirklichkeit*, *normalerweise*

15 **a** Lesen und hören Sie die Sätze. Ordnen Sie sie den Bildern zu.
   Sprechen Sie die Sätze nach.

1 Ich esse eigentlich kein Fleisch, aber dieses Hähnchen schmeckt mir heute.
2 Eigentlich mag sie keine Hunde.
3 Eigentlich fährt sie nicht gern Auto.
4 Eigentlich wollte ich heute ins Kino. Egal, vielleicht morgen.

b Was machen Sie eigentlich (nicht) gern?
   Formulieren Sie einige Sätze mit *eigentlich* und sprechen Sie sie.

SÄTZE BAUEN: über Musik sprechen ······▶ zu Kursbuch Seite 24

12 **ⓐ** Ordnen Sie die Wendungen und Ausdrücke (a–n) den Fragen (1–5) zu.

a Ich mag am liebsten ... ▪ b Am liebsten höre ich ... ▪ c Eigentlich überall: Im Zug, im Auto, zu Hause beim Kochen. ▪ d Für Musik habe ich kein Talent. ▪ e Gute Musik macht gute Laune. ▪ f Ich gehe oft in Konzerte. ▪ g Ich höre nur nebenbei Musik. ▪ h Ich spiele Geige / ... ▪ i Ich würde gern Klavier / ... spielen. ▪ j Musik ist mir egal. ▪ k Musik ist wichtig für mich. ▪ l Wenn ich Ruhe habe. ▪ m Wenn mir die Musik gefällt, geht es mir gut. ▪ n Musik beruhigt mich.

1 Spielt Musik eine wichtige Rolle in deinem Leben? _g,_ ....

2 Gibt es für dich einen Zusammenhang zwischen Musik und guter Laune? ....

3 Welche Musik hörst du am liebsten? ....

4 Spielst du selbst ein Instrument oder würdest du gern eins spielen? ....

5 Wann hörst du Musik? ....

ⓑ Was glauben Sie, was könnten die drei Personen auf einige Fragen in a antworten? Verwenden Sie die Wendungen und Ausdrücke in a und schreiben Sie die Sätze auf ein Blatt.

TEXTE BAUEN: über Musik sprechen und schreiben ······▶ zu Kursbuch Seite 24

13 **ⓐ** Lesen Sie Brittas Mail und notieren Sie die wichtigsten Informationen.

Betreff	

Lieb.............................. ,

momentan gefallen mir „Die Sterne" am besten. Das ist eine Band aus Hamburg, die es schon viele Jahre gibt. Sie machen ruhigere Rockmusik und singen auf Deutsch. Sie haben gute und schöne Texte. Diese Musik passt zurzeit am besten zu meiner Stimmung.
Wenn ich aber Musik für eine Party auswähle, entscheide ich mich meistens für rhythmische Popmusik, also Hits, die oft im Radio laufen. Damit alle tanzen.

Viele Grüße
Britta

1 Lieblingsband: _Die Sterne_ ....

2 Musikrichtung: ....

3 Texte: ....

4 Musik für Partys: ....

ⓑ Welche Betreffzeile passt am besten zu Brittas Mail? Kreuzen Sie an.

1 ☐ Meine Lieblingsmusik
2 ☐ Konzert meiner Lieblingsband „Die Sterne"
3 ☐ CDs von Bands, die ich gern höre

c Antworten Sie auf Brittas Mail.
Verwenden Sie die folgenden Wendungen und Ausdrücke und die Informationen.

Hallo, liebe …,
danke für Deine E-Mail.
Das ist interessant.
Auch ich höre gern … Rockmusik / … Musik / Popmusik / Musik mit deutschen Texten / …
Ich würde gern mit Dir tauschen.
Ich biete Dir … an.
Das ist (auch) … Rockmusik / Musik von einer … Band / …
Die Musik ist auch …
Ich glaube, die gefällt Dir.
Antworte mir, ob Du mit mir tauschen möchtest.
Viele / Liebe Grüße

----

langsam ■ ruhig ■ laut ■ rhythmisch ■ modern ■ klassisch ■ interessant ■ gut ■ schön ■ deutsch ■ …

----

eine CD von … ■ eine MP3 von meiner Lieblingsgruppe … ■ Lieder aus meiner Heimat ■ …

C Gastfreundschaft aus dem Internet

WORTSCHATZ: übernachten auf Reisen ┈┈▶ zu Kursbuch Seite 26

14 **a** Welche Übernachtungsmöglichkeiten für Touristen gibt es in Ihrer Stadt?
Kreuzen Sie an.

Appartement ⬚ ■ Campingplatz ⬚ ■ Fremdenzimmer ⬚ ■ Gasthaus ⬚ ■ Hotel ⬚ ■
Jugendherberge ⬚ ■ Jugendhotel ⬚ ■ Pension ⬚ ■ Privatzimmer ⬚

b Ergänzen Sie die passenden Wörter.

Gastfamilie ■ Zelt ■ Ferienappartement ■ Jugendherberge ■ Campingplatz ■ bei Freunden

1 bei einer .... wohnen

2 draußen, im .... schlafen

3 ein .... mieten

4 in einer .... übernachten

5 auf einem .... im Wohnwagen übernachten

6 .... im Gästezimmer übernachten

c Wenn Sie für das kommende Wochenende online ein Hotel buchen würden:
Was würden Sie im Internet ankreuzen?

◻ Doppelzimmer ◻ Frühstücksbüffet
◻ Einzelzimmer ◻ Vollpension (Frühstück, Mittagessen, Abendessen)
◻ Zimmerservice ◻ Halbpension

15 Wo übernachten die folgenden Personen und warum?
Benutzen Sie die Wendungen und Ausdrücke und schreiben Sie wie im Beispiel.

Ich finde … gut. ▪ Da kann man … ▪ Sehr oft übernachte ich in/bei … ▪ Da bekommt man … ▪
Man kann … und auch … ▪ Außerdem … ▪ Meistens nehme ich mir … ▪ Das hat den Vorteil, dass … ▪
Also in … fühle ich mich nicht wohl. Ich übernachte lieber … ▪ Dort gibt es /hat man …

Campingplatz	Ferienwohnung	Hotel
nicht so teuer, selbst kochen, viele Leute treffen	bequeme Zimmer mit viel Platz für die Familie, keine festen Essenszeiten wie im Hotel, sehr unabhängig sein	bequeme Zimmer, guter Service, Frühstücksbüffet, Internetanschluss

Ich übernachte am liebsten auf Campingplätzen. Das ist nicht so teuer wie Hotels oder Pensionen. Man kann selbst kochen und essen, was man mag. Außerdem trifft man immer viele Leute.

16 **ⓐ** Was bedeuten diese Schilder? Was glauben Sie? Schreiben Sie mögliche Antworten
wie im Beispiel. Verwenden Sie die folgenden Wendungen und Ausdrücke.

Ich glaube, das bedeutet, dass man … ▪ Vielleicht ist das … ▪ Ich vermute / nehme an, dass … ▪
Das kenne ich nicht. Vielleicht … ▪ Also ich weiß, was das ist: … ▪ Vielleicht meint man damit, dass … ▪
Das habe ich auch schon gesehen: …

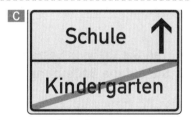

A	B	C
Parkplatz für Männer und Frauen ▪ Parkplatz für Wanderer ▪ Parkplatz an einem Supermarkt	Wohin dürfen Eltern nicht: in ein Kinderzimmer ▪ in eine Schule ▪ auf einen Spielplatz	Verkehrsschild: Ende der Ortschaft „Kindergarten", nächster Ort „Schule" ▪ Das Ende der Kindergartenzeit, jetzt kommt die Schulzeit ▪ Hier gibt es keinen Kindergarten, nur eine Schule

B Das kenne ich nicht. Vielleicht dürfen die Eltern nicht in eine Schule.
Also ich weiß, was das ist: Eltern dürfen nicht in das Kinderzimmer. Die Kinder wollen
das nicht.
…

16 **b** Hören Sie, welche Erfahrungen die Frauen mit Frauenparkplätzen gemacht haben.
Kreuzen Sie an.

	Frau 1	Frau 2	Frau 3
1 gute Erfahrungen	☐	☐	☐
2 schlechte Erfahrungen	☐	☐	☐
3 kein Problem, einen Parkplatz zu finden	☐	☐	☐
4 Männer beachten das nicht	☐	☐	☐
5 nah am Eingang	☐	☐	☐
6 jeder parkt, wie er will	☐	☐	☐
7 sicher	☐	☐	☐
8 keine Erfahrungen	☐	☐	☐

⋔ Frauenparkplätze

GRAMMATIK: Verben mit *sich* (reflexive Verben) ┈┈▸ zu Kursbuch Seite 27

17 Verben mit *sich*

a Lesen Sie die folgenden Sätze und achten Sie auf die Form der markierten
Personalpronomen und Reflexivpronomen (Verben mit *sich*).

1 a Ich glaube, sie mag mich nicht besonders.
  b Ich beschäftige mich gerade mit moderner Musik.

2 a Ich bin sicher, dass uns niemand gesehen hat.
  b Hoffentlich haben wir uns nicht verlaufen.

3 a Ich habe euch gestern eine Mail geschickt.
  b Habt ihr euch denn nicht nach dem Weg erkundigt?

4 a Sie kennt ihn noch nicht sehr lange.
  b Er hat sich im Wald verirrt.

5 a Kann ich dich mal was fragen?
  b Komm, beeil dich, sonst kommen wir zu spät.

Hinweis: In der 3. Person (*er*, *es*, *sie*) unterscheiden sich die Formen
von Personalpronomen (*ihn*, *es*, *sie*) und Reflexivpronomen (*sich*).

b Übersetzen Sie die vier Sätze in Ihre Muttersprache und
achten Sie auf die Bedeutung der markierten Verben mit *sich*.

1 a Warte, ich komme gleich. Ich muss mich nur noch schnell umziehen.
  b Wir sind umgezogen. Unsere neue Adresse lautet: Wernerweg 11.

2 a Komm, zieh dich aus. Und dann nichts wie ins Wasser!
  b Letzten Monat bin ich von zu Hause ausgezogen.

Hinweis: Es gibt Verben, die mit *sich* und ohne *sich* vorkommen.
Es gibt Verben, die nur mit *sich* vorkommen.
Lernen Sie diese Verben immer mit der entsprechenden Bedeutung
in Ihrer Muttersprache.

c In welche Kontexte passen die folgenden Verben? Ordnen Sie zu.

a Bewegung ◼ b Gesundheit/Krankheit ◼ c Körperpflege ◼ d persönliche Beziehungen ◼
e Verstand ◼ f was man mit Kleidung macht

1 ⬚ sich duschen, sich die Haare föhnen,
sich kämmen, sich rasieren, sich waschen

2 ⬚ sich gern haben, sich kennen, sich küssen,
sich mögen, sich kennenlernen, sich verlieben,
sich verstehen, sich besuchen, sich verabreden,
sich gut unterhalten

3 ⬚ sich wohlfühlen, sich erkälten, sich verletzen,
sich wehtun, sich gesund ernähren, sich vor
einer Erkältung schützen

4 ⬚ sich hinlegen, sich hinsetzen,
sich setzen, sich beeilen,
sich bewegen

5 ⬚ sich erinnern an, sich merken,
sich konzentrieren,
sich interessieren für

6 ⬚ sich anziehen, sich ausziehen,
sich umziehen

d Im Stadtverkehr. Ergänzen Sie das passende Pronomen.

1 Ich glaube, wir haben ..uns........ verirrt, oder?

2 Entschuldigung, kennen Sie .... hier aus? Wie kommen wir zum Stadttheater?

3 Endlich, dahinten ist das Kino. Komm, beeil .... , die Vorstellung fängt in zehn Minuten an.

4 Wir haben ja auch keinen Stadtplan. Klar, dass wir .... verlaufen haben.

SÄTZE BAUEN: etwas bewerten ·····➔ zu Kursbuch Seite 28

18 Bewerten Sie Fast-Food-Restaurants mit den folgenden Argumenten und
den angegebenen Wendungen und Ausdrücken.

Ich meine, dass Fast-Food-Restaurants /solche Restaurants gut /schlecht sind, weil … ◼ Fast-Food-
Restaurants /die gefallen mir sehr gut /gar nicht, weil … ◼ Beim Essen ist es mir sehr wichtig, dass …

Preis ist günstig ◼ es geht schnell ◼ man weiß, wie es schmeckt ◼ Qualität ist immer gleich ◼ Zutaten sind
gesund ◼ Essen ist nicht so gesund ◼ es ist dort laut ◼ es ist dort unpersönlich ◼ das Essen macht dick

Ich meine, dass Fast-Food-Restaurants gut sind, weil es schnell geht und man weiß,
wie es schmeckt. …

TEXTE BAUEN: einen Kommentar schreiben /etwas bewerten ·····➔ zu Kursbuch Seite 28

19 Lesen Sie folgenden Kommentar und ordnen Sie die Begriffe zu.

a Bezug zum Thema ◼ b Meinung + Begründung

⬚ Meine Meinung zu Fast-Food-Restaurants?
⬚ Also ich finde sie gut, weil wir kleine Kinder haben, und die gehen gern hin. Sie können dort essen,
trinken und spielen. Sie dürfen auch laut sein und herumrennen. Außerdem sind Fast-Food-Restaurants
nicht so teuer wie richtige Restaurants.

20 Wie ist Ihre Meinung zu Fast-Food-Restaurants?
Schreiben Sie einen kurzen Kommentar wie in Aufgabe 19 und begründen Sie Ihre Meinung.
Sie können die Argumente aus Aufgabe 18 verwenden.

21 Reisen

ⓐ Mit welchen Verkehrsmitteln kann man nicht in Urlaub fahren? Kreuzen Sie an.

mit der Fähre ⬜ ⬛ mit dem Fahrrad ⬜ ⬛ mit dem Flugzeug ⬜ ⬛ mit dem Reisebus ⬜ ⬛
mit dem Schiff ⬜ ⬛ mit der Straßenbahn ☑ ⬛ mit dem Taxi ☑ ⬛ mit der U-Bahn ☑ ⬛ mit dem Zug ⬜ ⬛

ⓑ Ergänzen Sie die passenden Zeitangaben. Es gibt manchmal mehrere Möglichkeiten.

ab dem 15. September ⬛ bleiben … zwei Tage ☑ drei Tage lang ⬛ für drei Tage ⬛ höchstens vier Tage ⬛
im August ⬛ in den Monaten August bis Oktober ☑ vom 15. Mai bis zum 20. Juli

1 Wir planen *in den Monaten August bis Oktober* eine längere Reise.
2 Und dann *bleiben* wir noch *zwei Tage* in Rom.
3 Ich suche ein Zimmer *vom 15. Mai bis zum 20. Juli* .
4 Ich kann *für drei Tage* bleiben, dann muss ich wieder zurückfahren.
5 *Ab dem 15. September* gibt es günstige Hotelangebote, da beginnt die Nebensaison.
6 Nein, leider sind *höchstens vier Tage* keine Zimmer mehr frei.
7 Unsere Städtereise nach Rom war eine Enttäuschung. Es hat *für drei Tage* nur geregnet.

ⓒ Was kann man am Urlaubsort machen? Ergänzen Sie die passenden Ausdrücke.

zu Fuß ⬛ wandern ⬛ gehen (3x) ⬛ besichtigen (2x)

1 abends in die Disco *gehen*
2 in den Bergen *wandern*
3 ins Museum *gehen*
4 Kirchen *besichtigen*
5 schön essen *gehen*
6 Sehenswürdigkeiten *besichtigen*
7 *~~wandern~~* *zu Fuß* durch die Stadt gehen

ⓓ Welche Eigenschaften sind Ihnen bei anderen Menschen wichtig, wenn Sie mit ihnen gemeinsam einige Tage verbringen? Kreuzen Sie an.

angenehm ⬜ ⬛ berühmt ⬜ ⬛ ehrlich ⬜ ⬛ einfach ⬜ ⬛ ernst ⬜ ⬛ fair ⬜ ⬛ fleißig ⬜ ⬛
freundlich ☑ ⬛ fröhlich ☑ ⬛ gerecht ⬜ ⬛ höflich ⬜ ⬛ hübsch ⬜ ⬛ intelligent ☑ ⬛
interessant ⬜ ⬛ lustig ☑ ⬛ mutig ⬜ ⬛ natürlich ⬜ ⬛ nett ⬜ ⬛ reich ⬜ ⬛ ruhig ⬜ ⬛ sportlich ☑ ⬛
stolz ⬜ ⬛ sympathisch ⬜ ⬛ tolerant ⬜ ⬛

1,2,3

SÄTZE BAUEN: sich einigen ········▶ zu Kursbuch Seite 28

22 **ⓐ** **Lesen Sie und ordnen Sie zu.** *approval*

a Vorschlag ◼ b Zustimmung ◼ c Ablehnung *reject*

reject 1 [a] Ich schlage vor, wir fahren nach Berlin.

2 [b] Einverstanden.

3 [c] Nein, das passt mir (leider) gar nicht.

4 [a] Lasst uns doch mit dem Zug fahren.

5 [a] Wir könnten natürlich auch eine Bootstour machen.

b 6 [b] Das ist eine sehr gute Idee.

c 7 [c] Das ist vielleicht keine besonders gute Idee, weil es zu weit ist.

⍺8 [a] Ich würde lieber eine andere Stadt kennenlernen.

9 [b] Ich finde den ersten Vorschlag besser, weil das billiger ist.

10 [c] Ich bin nicht dafür. Flüge sind doch teuer.

11 [b] Ja gut, machen wir es so.

12 [b] In Ordnung.

13 [a] Was haltet ihr davon, dass wir schon im Juli fahren?

14 [c] Ich bin dagegen.

ⓑ **Schreiben Sie kleine Gespräche (zwischen zwei oder drei Personen) mit den Wendungen und Ausdrücken aus a und den folgenden Argumenten. Vergleichen Sie mit dem Lösungsschlüssel.**

1 nach Brasilien fliegen ◼ lieber nach Portugal, Flug so lang, zu teuer ◼ zu Hause bleiben, am billigsten

2 Im Urlaub ein Auto mieten ◼ zu teuer, lieber mit dem Bus fahren ◼ bei Bedarf ein Auto, sonst mit dem Bus

3 ins Theater gehen ◼ langweilig, lieber einen spannenden Film im Kino sehen ◼ guter Film im Fernsehen, zu Hause bleiben

SÄTZE BAUEN: ein Ergebnis präsentieren ········▶ zu Kursbuch Seite 28

23 **ⓐ** **Schreiben Sie Beispielsätze mit den jeweils angegebenen Informationen. Vergleichen Sie mit dem Lösungsschlüssel.**

1 **Einleitung**

Wir haben in der Arbeitsgruppe über … gesprochen und möchten euch jetzt … vorstellen. ◼ Wir möchten euch jetzt … vorstellen, die / den / … wir geplant haben. ◼ Wir möchten euch jetzt zeigen, was … / wie …

– unseren Betriebsausflug / unsere Pläne / eure Vorschläge zum Betriebsausflug

– unsere Entscheidung / die Entscheidung / das Programm / die Aktionen / wir geplant haben / wir uns den Betriebsausflug vorstellen

2 **Inhalt**

Wir haben uns auf … geeinigt. ◼ Wir haben uns darauf geeinigt, … ◼ Wir haben uns für … entschieden. ◼ Wir können dann auch … ◼ Wir wollen … ◼ Wir finden es am besten, wenn wir … ◼ Am interessantesten … ◼ Wir werden dann … ◼ Am günstigsten wäre es, …

– einen Ausflug nach Lübeck / einen Ausflug nach Lübeck zu machen / eine Fahrt nach Lübeck / nach Lübeck zu fahren

– in einem kleinen Hotel übernachten

– drei Tage bleiben

– die alte Innenstadt / das Rathaus und das Holstentor besichtigen / eine Süßigkeitenfabrik besuchen / noch kurz nach Travemünde fahren / im Ratskeller essen

– mit einem gemieteten Bus zu fahren

ⓑ **Das kann man am Schluss einer Präsentation fragen. Übersetzen Sie die Fragen in Ihre Muttersprache. Welche der Wendungen und Ausdrücke gefallen Ihnen am besten?**

Hat jemand noch Fragen? ◼ Möchtet ihr etwas fragen? ◼ Möchte jemand von euch noch gern etwas wissen? ◼ Gibt es noch Fragen?

24 **Lesen und hören Sie die folgende Präsentation.**

● Wir haben über einen gemeinsamen Ausflug gesprochen und möchten euch unsere Idee vorstellen: Ein gemeinsames Zeltwochenende am Müritzsee.
Wir würden am Freitagnachmittag mit dem Auto losfahren. Drei Autos sind genug, wir sind ja nur zehn Personen. Am Müritzsee gibt es viele Freizeitmöglichkeiten: reiten, wandern und mit dem Boot fahren. Boote kann man dort günstig ausleihen. Auf dem Campingplatz gibt es auch ein kleines Restaurant, wo wir morgens frühstücken können. Wir brauchen also nicht zu kochen. Es gibt aber auch einen netten gemütlichen Grillplatz. Am Sonntagmittag würden wir dann wieder zurückfahren.
Gibt es dazu noch Fragen?

■ Gibt es denn genügend Zelte für alle? Ich habe nämlich keins.

● Das müssen wir noch organisieren. Wer von euch hat denn ein Zelt? Aber man kann auch Zelte ausleihen.

25 **Schreiben Sie eine kleine Präsentation wie im Beispiel in Aufgabe 24 mit den folgenden Punkten. Verwenden Sie auch Wendungen und Ausdrücke aus Aufgabe 23. (Fangen Sie nicht jeden Satz mit *wir* an.) Vergleichen Sie mit dem Lösungsschlüssel.**

eine Stadtbesichtigung machen

– sich morgens um sieben Uhr am Bahnhof treffen
– günstige Fahrkarten organisieren
– mit dem Zug nach Nürnberg fahren
– in Nürnberg eine Stadtführung machen
– gemeinsam Mittag essen, Restaurant reservieren
– am Nachmittag Freizeit, kein gemeinsames Programm
– am Abend um 19 Uhr Treffpunkt am Bahnhof Nürnberg
– und Rückfahrt

Darüber hinaus

26 **Hören Sie und sprechen Sie nach. Achten Sie dabei auf die Steigerungsformen.**

1 Das inoffizielle Motto der Olympischen Spiele: höher, schneller, weiter.
2 In diesem Restaurant ist das Essen wirklich besser und die Portionen sind auch größer.
3 In Rot gefällt mir dieses Auto besser als in Grün.
4 Nein, auf Sport habe ich heute Abend keine Lust. Ich würde lieber ins Kino gehen.
5 Tausend Euro? Das ist mehr als ich für eine Wohnung bezahlen kann.
6 Komm, hier gibt's die besten Pommes frites. Die holen wir uns jetzt.
7 Das ist wirklich der dümmste Witz der Welt!
8 Die größten Schnitzel bekommt man bei Schnitzel-Max in der Uhlandstraße.
9 Ich bin fast alleine im Büro. Die meisten Kollegen sind in Urlaub.
10 Ich brauche eine längere Hose. Die hier ist zu kurz.
11 Bayern München, ist das nicht die erfolgreichste Mannschaft der deutschen Bundesliga?
12 Das Fernsehprogramm gestern, das war total interessant. Es gab wieder einen Themenabend, diesmal ging es um Ernährung.
13 Du, das Essen war echt super. Kannst du mir die Rezepte geben?
14 Wirklich? Ich finde, die Suppe war diesmal nicht besonders gut.
15 Guck mal, mein Handy, das ist ganz neu.
16 Also, der Job ist ziemlich interessant, aber ich fühle mich hier doch noch sehr einsam.
Aber die Freizeitangebote sind wirklich gut. Ich werde sicher bald Freunde finden.
17 Du fährst heute ziemlich schnell, mein Lieber!

Hinweis: Sie können die Übungen zu Prüfungen jetzt oder, wenn Sie noch unsicher sind,
zu einem späteren Zeitpunkt machen.

27 **Eine Freundin von Ihnen hat eine wichtige Prüfung. Sie hatte aber wenig Zeit zum Lernen, weil sie vier Wochen krank war. Sie ist verzweifelt und Sie wollen ihr zusammen mit einer Freundin / einem Freund helfen.**

1 Machen Sie sich Gedanken, wie Sie ihr helfen können.

– im Alltag helfen; damit sie mehr Zeit zum Lernen hat
  (einkaufen, Lieblingsessen kochen, ...)
– beim Lernen helfen
  (zusammen üben, abfragen, korrigieren, Nachhilfelehrer suchen, ...)

2 Bilden Sie Sätze zu Ihren Ideen.

3 Suchen Sie sich eine Lernpartnerin / einen Lernpartner und sprechen Sie über die Vorschläge
und Möglichkeiten.

– Wie finden Sie die Vorschläge Ihres Lernpartners / Ihrer Lernpartnerin? (Hatten Sie auch die Idee /
  eine ähnliche Idee?)
– Wer könnte das machen?
– Wie / Was könnte man noch machen?

28 **Lesen Sie den folgenden Text und kreuzen Sie für jede Lücke das richtige Wort (A, B oder C) an.**

Liebe Johanna,

stell Dir vor: Das Praktikum ist zu Ende und ich sitze hier .... (1) meinem Zimmer zu Hause in meiner
Heimat. Es tut mir so leid, ... (2) wir uns vor meiner Abreise nicht mehr sehen konnten. Und deshalb
muss ich Dir jetzt erzählen, was in den letzten sechs Wochen alles .... (3) ist. Die letzten drei Wochen in
der Firma AEI, in der ich das Praktikum gemacht habe, waren sehr anstrengend. Ich .... (4) mein Projekt
fertig machen, ich hatte aber eigentlich nicht genug Zeit. Ich musste .... (5) Tag zehn bis zwölf Stunden
arbeiten, auch am Samstag und einmal sogar am Sonntag. Aber am Ende habe ich es geschafft und als
Belohnung noch 500 Euro extra bekommen. Und ein sehr gutes Zeugnis. Das hat sich doch gelohnt. .... (6)
dem Geld habe ich dann noch eine dreiwöchige Reise durch Europa gemacht. Einen Tag vor meinem Abflug in
meine Heimat .... (7) ich dann in Hamburg angekommen. Wieder zu Hause suche ich jetzt eine Stelle, aber
das ist gar nicht so einfach. Vielleicht bewerbe ich .... (8) doch bei der Firma AEI in Hamburg, ... (9)
würde ich wieder nach Deutschland kommen. Antworte mir doch .... (10), Deine Chan.

1	3	5	7	9
A im	A passierte	A einen	A bin	A denn
B in	B passieren	B jeden	B ist	B wann
C an	C passiert	C den	C werde	C dann

2	4	6	8	10
A dass	A habe	A Mit	A mir	A vorher
B weil	B konnte	B Über	B mich	B bald
C das	C musste	C Vor	C ich	C längst

Glück in der Ferne

GRAMMATIK: kausale Angaben mit *weil, denn, wegen* ┈┈┈➤ zu Kursbuch Seite 32

1 **ⓐ** Schreiben Sie Sätze mit *weil*.

1 Maria: in Australien leben wollen – das Leben dort interessanter finden

Maria will in Australien leben, weil sie das Leben dort interessanter findet.

2 Alicia: nach Dresden ziehen – dort einen Job gefunden haben

....

3 Tim: für ein Jahr nach China gehen – für seine Karriere Auslandserfahrung brauchen

....

4 Tina: in Südfrankreich leben – das warme Klima lieben

....

5 ich: viel reisen – andere Städte kennenlernen wollen

....

ⓑ Man kann auch mit dem *weil*-Satz beginnen.
Schreiben Sie die Sätze aus a wie im Beispiel.

Weil Maria das Leben in Australien interessanter findet, will sie dort leben.

ⓒ Schreiben Sie Sätze mit *denn*.

1 kann / ich / dieses Jahr nicht nach Brasilien fliegen / keinen Urlaub mehr / habe / ich

Ich kann dieses Jahr nicht nach Brasilien fliegen, denn ich habe keinen Urlaub mehr.

2 hat / in Lissabon studiert / er / fließend Portugiesisch / er / spricht

....

3 können / in den Urlaub fliegen / morgen / leider nicht kommen / wir / wir

....

4 er / Übersetzer werden / mehrere Fremdsprachen können / er / will / muss

....

5 bekommen jetzt ihr drittes Kind / die Fiedlers / eine größere Wohnung brauchen / sie

....

ⓓ Schreiben Sie die Sätze 2 und 3 (aus a und c) in die folgenden Tabellen.

Hauptsatz	Nebensatz		
	Konjunktion	weitere Satzteile	Verb
1 Maria will in Australien leben,	weil	sie das Leben dort interessanter	findet
2			
3			

Hauptsatz 1		Hauptsatz 2		
	Konjunktion	Satzanfang	Verb	weitere Satzteile
1 Ich kann dieses Jahr nicht nach Brasilien fliegen,	denn	ich	habe	keinen Urlaub mehr.
2				
3				

2 Begründungen mit *wegen* verstehen

a Was bedeutet dieses Schild? Kreuzen Sie an.

> **Heute!!**
> **ab 15:00 Uhr**
> **wegen Feier zur**
> **Neueröffnung**
> **geschlossen**

1 ☐ Das Geschäft wird geschlossen, wenn es eine Feier zur Neueröffnung gibt.
2 ☐ Das Geschäft wird geschlossen, weil es eine Feier zur Neueröffnung gibt.
3 ☐ Das Geschäft wird geschlossen, damit wir die Neueröffnung feiern können.

b Was bedeuten die markierten Informationen? Schreiben Sie Sätze mit *weil*.

1 Sehr geehrte Kunden! Wegen eines Stromausfalls bleibt unsere Buchhandlung heute geschlossen. (Wir haben keinen Strom.)
   Unsere Buchhandlung bleibt heute geschlossen, weil wir keinen Strom haben.

2 Wegen Otto haben wir jetzt den Bus verpasst. (Otto ist zu spät gekommen.)
   ....

3 Du hast ja ganz rote Augen. Ja, wegen meiner Allergie. (Ich habe eine Allergie.)
   ....

4 Die Straße ist wegen Bauarbeiten gesperrt. (Die bauen schon wieder etwas.)
   ....

5 Schulausfall wegen Eis und Schnee (Es ist kalt und es liegt viel Schnee.)
   ....

3 Ergänzen Sie *weil/da*, *denn* oder *wegen*.

1 Das ist alles ...*wegen*........ dir passiert. .... du nie zuhören kannst. Es ist doch immer dasselbe.

2 Weiße Schokolade produzieren wir nicht mehr, ... wir zu wenig davon verkauft haben.

3 ● Warum passiert mir das immer wieder?
   ■ .... du aus deinen Fehlern nicht lernst, ganz einfach.

4 ● Warum zieht ihr von hier weg? Hier ist es doch so schön.
   ■ .... wir eine größere Wohnung brauchen.

5 Ich kann Ihnen dazu nichts sagen, ... mir fehlen die Informationen.

4

Warum ist diese junge Frau wohl in Afrika?
Was vermuten Sie? Spekulieren Sie und
formulieren Sie mögliche Gründe.
Vergleichen Sie mit dem Lösungsschlüssel.

Vielleicht, weil … ■ Sie macht das, weil sie … ■ Oder weil …

an einem Schüleraustausch teilnehmen ■ dort ein Praktikum
machen ■ dort Freunde besuchen ■ ihre Eltern arbeiten dort ■
dort zur Schule gehen ■ dort Urlaub machen ■ …

5

Wünsche und Ziele ausdrücken

ⓐ Unterstreichen Sie das Subjekt im Haupt- und Nebensatz.

1 Die Eltern bringen ihre Kinder morgens in den Kindergarten, damit sie sicher dorthin kommen.
2 Manche Eltern sprechen regelmäßig mit den Lehrern, damit sie sich über die Schulnoten
   ihrer Kinder informieren.
3 Eltern helfen ihren Kindern oft bei den Hausaufgaben, damit sie in der Schule besser werden.
4 Manchmal nehmen Eltern einen Babysitter, damit sie abends ins Kino gehen können.
5 Viele Eltern schicken ihre Kinder in eine Musikschule, damit sie ein Instrument lernen.
6 Eltern sollten ihren Kindern Geschichten vorlesen, damit sie später auch gern Bücher lesen.

ⓑ Wer ist „sie"? Die Eltern oder die Kinder?
Markieren Sie die richtige Lösung in den Sätzen 1–6 wie im Beispiel.

1 Die Eltern bringen ihre Kinder morgens in den Kindergarten, damit sie sicher dorthin kommen.

ⓒ Schreiben Sie Satz 4 aus Aufgabe a mit *um … zu* wie im Beispiel.

2 *Manche Eltern sprechen regelmäßig mit den Lehrern, um sich über
die Schulnoten ihrer Kinder zu informieren.*

6

Antworten Sie auf die Fragen mit *um … zu.*

1 Wozu machst du diesen Kochkurs? (neue Kochrezepte kennenlernen)

Um neue Kochrezepte kennenzulernen.

2 Wozu brauchst du den Autoschlüssel? (meine Freundin abholen)

3 Wozu brauchen wir denn so viele Eier? (leckere Eiernudeln machen)

4 Und wozu braucht man diesen Knopf? (die Kaffeemaschine einschalten)

5 Wozu gehst du denn jeden Tag ins Fitnessstudio? (abnehmen)

7 *damit* oder *um … zu*? Schreiben Sie Sätze. Vergleichen Sie mit dem Lösungsschlüssel.

1 Ich gehe in die Stadt. Ich will mir etwas Schönes kaufen.

   Ich gehe in die Stadt, um mir etwas Schönes zu kaufen.

2 Machen Sie diese Übung. Sie machen hier keinen Fehler mehr.

   ....

3 Wir tun alles. Sie haben Erfolg.

   ....

4 Du musst die Blumen in den Schatten stellen. Sie vertrocknen nicht.

   ....

5 Ich brauche ein Auto. Ich fahre damit zur Arbeit.

   ....

6 Ich fahre nach Berlin. Ich besuche meine Eltern.

   ....

B Mit anderen Augen

GRAMMATIK: Kausalsätze ········▶ zu Kursbuch Seite 35

8 Gründe/Ursachen ausdrücken

ⓐ Verbinden Sie die Sätze mit *deshalb/darum*.

1 Ich bin nach Berlin gezogen. Ich liebe das Leben in einer Großstadt.

   Ich liebe das Leben in einer Großstadt. Deshalb bin ich nach Berlin gezogen.

2 Sie wohnt im Stadtzentrum. Sie braucht Geschäfte, Kinos und Cafés in ihrer Nähe.

   ....

3 Ich gehe nicht ins Fitness-Center. Ich mache lieber Sport im Freien.

   ....

4 Ihre Arbeit ist interessant und abwechslungsreich. Sie liebt ihren Beruf.

   ....

5 Ich habe Ihre Mail nicht bekommen. Ich habe nicht geantwortet.

   ....

6 Ich habe heute Geburtstag. Ich habe Kuchen für alle mitgebracht.

   ....

ⓑ Schreiben Sie die Sätze 2 und 3 aus a in die folgende Tabelle.

Konjunktion	Verb	weitere Satzteile
1 *Deshalb*	*bin*	*ich nach Berlin gezogen.*
2		
3		

9 **ⓐ** Schreiben Sie Sätze mit *nämlich*.

1 Ich kann jetzt endlich ein neues Auto kaufen. (die Stelle bekommen)

   Ich habe nämlich die Stelle bekommen.

2 Ich kann jetzt nicht kommen. (gleich zum Arzt müssen)

   ....

3 Ich bin überglücklich. (wir gestern geheiratet)

   ....

4 Ich kann dich nicht abholen. (Auto kaputt)

   ....

5 Ich muss jetzt gehen. (Bus kommt in fünf Minuten)

   ....

6 Lass uns heute Abend essen gehen. (einen Grund zu feiern geben)

   ....

ⓑ Schreiben Sie drei Sätze aus a mit *nämlich* in das folgende Raster.

Satzanfang	Verb		weitere Satzteile
1 *Ich*	*habe*	*nämlich*	*die Stelle bekommen.*
2			
3			
4			

10 Auto oder Flugzeug oder Zug? Verbinden Sie die Sätze mit *nämlich*, *denn* oder *deshalb*.

1 Ich finde Zugfahren sehr entspannend. *Deshalb* fahre ich gern mit der Bahn.

2 Im Flugzeug ist es immer viel zu eng. .... fliege ich nur ungern lange Strecken.

3 Ich fahre eigentlich nie mit dem Zug. Die Bahn hat .... immer Verspätung.

4 Mit dem Auto fahre ich nie in die Stadt, ... dort bekommt man sowieso keinen Parkplatz.

5 Lange Autofahrten sind mir zu anstrengend. .... lasse ich das Auto lieber zu Hause.

6 Ich nehme am liebsten einen Schlafwagen im Nachtzug. Da merkt man .... gar nicht, wie die Zeit vergeht.

C In Sachen Mode

→ zu Kursbuch Seite 37

WORTSCHATZ: Mode und Kleidung

11 **ⓐ** Ordnen Sie die Kleidungsstücke zu.

a die Hose ▪ **b** das Hemd ▪ **c** die Bluse ▪ **d** der Mantel ▪ **e** die Schuhe ▪ **f** der Rock ▪
g der Hut ▪ **h** die Stiefel ▪ **i** der Pullover ▪ **j** die Jacke

ⓑ Was trägt die Dame, was trägt der Herr? Was passt wo? Kreuzen Sie an.

		Damen	Herren			Damen	Herren
1	der Hut	☒	☒	10	die Jeans	☐	☐
2	der (Regen)Mantel	☒	☐	11	der Rock	☐	☐
3	der Anzug	☐	☐	12	der Badeanzug	☐	☐
4	der Hosenanzug	☐	☐	13	die Mütze	☐	☐
5	das T-Shirt	☐	☐	14	die Strumpfhose	☐	☐
6	das Kleid	☐	☐	15	das Kostüm	☐	☐
7	die Stiefel	☐	☐	16	die Badehose	☐	☐
8	der Bikini	☐	☐	17	die Pumps (Pl.)	☐	☐
9	das Jackett	☐	☐		(Schuhe mit Absätzen)		

12 Wie sollte Ihre Kleidung immer sein? Was ist Ihnen wichtig? Kreuzen Sie an.

hübsch ☐ ▪ modisch ☐ ▪ langweilig ☐ ▪ schick ☐ ▪ bequem ☐ ▪ elegant ☐ ▪ sportlich ☐ ▪
einfarbig ☐ ▪ hässlich ☐ ▪ modern ☐ ▪ unbequem ☐ ▪ nett ☐ ▪ altmodisch ☐ ▪ bunt ☐ ▪
einfach ☐ ▪ schön ☐ ▪ unmodern ☐

13 Lösen Sie das Kreuzworträtsel.

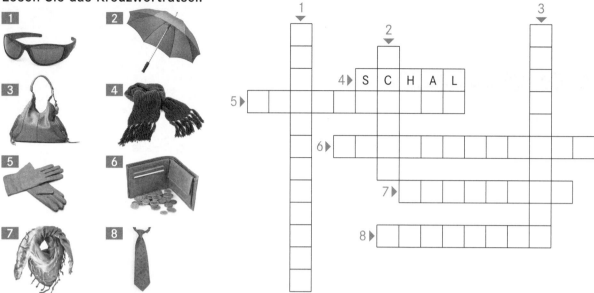

4▶ S C H A L

SÄTZE BAUEN: Gefallen / Nichtgefallen äußern ┈┈▶ zu Kursbuch Seite 37

14 Verschiedene Kleidungsstile
Sehen Sie sich die folgenden Berufsbekleidungen an. Sagen Sie, wie Sie sie finden.
Verwenden Sie den Wortschatz aus den Aufgaben 11 bis 13 und
die folgenden Wendungen und Ausdrücke.

… finde ich (nicht) (sehr) attraktiv. ■ … würde mir nicht passen. ■ … passen (nicht) zu … ■
Ich finde es nicht gut, wenn jemand … trägt/anhat. ■ Ich mag … am liebsten. ■
Mir gefällt/gefallen … besser. ■ Mir gefällt es besser, wenn …

    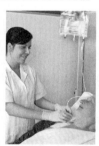 

Handwerker   Bauarbeiter   Koch   Bedienung   Krankenpfleger   Banker

GRAMMATIK: Vorschläge mit *sollte* ┈┈▶ zu Kursbuch Seite 38

15 Lesen Sie die Sätze und notieren Sie: Welche Sätze drücken einen Vorschlag (V) aus
und welche eine Anweisung einer anderen Person (A)?

1 Sie sollen bitte zum Chef kommen. Es gibt etwas Wichtiges zu besprechen.   A

2 Wir sollten mal wieder ins Kino gehen! Es laufen gerade ein paar interessante Filme.   V

3 Oje, da fällt mir ein: Ich soll meine Tante anrufen, hat Maja gesagt.

4 Vielleicht solltest du mal wieder zum Friseur gehen. Kurze Haare stehen dir einfach besser!

5 Papa sagt, du sollst schnell zum Bäcker gehen, wir haben kein Brot mehr.

6 Seit wir verheiratet sind, haben wir beide so zugenommen.
   Vielleicht sollten wir einfach mehr Sport machen.

16 **ⓐ** Geben Sie Reisetipps wie im Beispiel.

1 sich das historische Rathaus anschauen

Du solltest dir. / Ihr solltet euch. / Sie sollten sich das historische Rathaus anschauen.

2 Stadtmuseum besuchen

....

3 eine Stadtrundfahrt mit dem Bus machen

....

4 einen Spaziergang im Stadtpark machen

....

5 den Dom besichtigen

....

6 einen Spaziergang durch die Altstadt machen

....

ⓑ Was gibt es in Ihrer Heimatstadt zu sehen? Geben Sie Ihrer Chefin (Sie) / einem guten Bekannten und seiner Familie (du / ihr) Empfehlungen wie in a.

GRAMMATIK: Vorschläge mit *doch, einfach, vielleicht* ┈┈┈▸ zu Kursbuch Seite 38

17 Vorschläge freundlicher machen mit *doch, einfach, vielleicht*

ⓐ Lesen Sie die Sätze und ergänzen Sie die Wörter in Klammern.

1 Schreib ihr! (einfach)

Schreib ihr einfach.

2 Du solltest einen Fachmann fragen. (vielleicht)

....

3 Probier dieses Kleid. (doch)

....

4 Nimm deine Tochter zum Shoppen mit. (einfach mal)

....

5 Mach Pause. (doch mal)

....

6 Du solltest zum Friseur gehen. (vielleicht mal)

....

7 Besuchen Sie mich. (doch einfach mal)

....

🔊 19 **ⓑ** Hören Sie die Sätze aus a und sprechen Sie sie nach.

ⓒ Wie würden Sie diese Vorschläge in Ihrer Muttersprache freundlich ausdrücken? Formulieren Sie diese Sätze in Ihrer Muttersprache. Beachten Sie: Partikeln wie *doch, einfach, vielleicht* lassen sich meistens nicht direkt übersetzen.

18 Sie telefonieren mit einer Freundin, die in eine fremde Stadt zieht und dort Leute kennenlernen möchte. Formulieren Sie Vorschläge und Ratschläge mit den folgenden Wendungen und Ausdrücken.

Ich würde … ■ Du solltest vielleicht … ■ Du kannst/könntest auch … ■ Du könntest zum Beispiel/ vielleicht … ■ Frag doch mal, ob … ■ Wie wär's, wenn …? ■ Es ist am besten, wenn du … ■ Ich empfehle dir, … ■ Also, ich an deiner Stelle würde …

sich eine nette WG* suchen ■ nette Kollegen nach Hause einladen ■ auch mal allein ins Kino gehen ■ im Internet neue Bekannte finden ■ einen Tanzkurs machen ■ sich in einem Sportverein oder Fitnessklub anmelden ■ ins Museum gehen ■ eine Kontaktanzeige aufgeben ■ mit Kollegin / jemand / … ins Museum gehen

*WG = Wohngemeinschaft

> Du könntest dir zum Beispiel einfach eine nette WG suchen. So lernst du schnell neue Leute kennen.

19 Auf einen Forumsbeitrag reagieren

Lesen Sie den Forumsbeitrag von Sonja und bringen Sie ihn in die richtige Reihenfolge.

a ☐ Ich (24) habe nächste Woche meinen ersten Arbeitstag bei einer großen Bank.

b ☐ Ich weiß wirklich überhaupt nicht, was ich da anziehen soll.

c ☐1☐ Hallo Leute!

d ☐ Hat jemand von euch eine Idee, was ich im Büro anziehen soll und in welcher Farbe?

e ☐ Das ist aber ein Problem, denn in meiner Freizeit trage ich nur sportliche Kleidung, z. B. Jeans, T-Shirt und Sportschuhe.

f ☐ Für ein paar Tipps und Vorschläge wäre ich dankbar.

g ☐ Meine Freundin hat gesagt, ich soll mich auf jeden Fall schick anziehen.

h ☐ LG Sonja

i ☐ Wahrscheinlich muss ich erst mal shoppen gehen. Nur was?!

20 **ⓐ** Schreiben Sie eine Antwort und geben Sie Sonja Tipps.
Verwenden Sie auch Wendungen und Ausdrücke aus Aufgabe 18.
Beachten Sie die Hinweise 1–5 im Kursbuch (S. 38, C3).
Vergleichen Sie mit dem Lösungsschlüssel.

einen Hosenanzug oder ein Kostüm anziehen ■ dunkle Farben auswählen ■ keinen kurzen Rock tragen ■
auf jeden Fall eine Strumpfhose anziehen ■ sich für geschlossene Schuhe entscheiden ■
Pumps tragen ■ eine schöne Bluse auswählen ■ keine Jeans tragen ■ …

Re: Sonja – erster Arbeitstag

ⓑ Überprüfen Sie Ihren Text.

– Stimmt die Anrede?
– Haben Sie alle Vorschläge?
– Sind die Sätze gut verbunden?
– Stimmen das Ende und die Grußformel?
– Steht das Verb an der richtigen Stelle?
– Haben Sie die meisten Wörter richtig geschrieben? Groß- und Kleinschreibung?

Darüber hinaus

PHONETIK: Satzakzent in Satzverbindungen

21 Hören Sie und sprechen Sie nach. Achten Sie auf die Betonung in den Sätzen.

1 Maria will in Australien leben, weil sie das Leben dort interessanter findet.
2 Alicia zieht nach Dresden, weil sie dort einen Job gefunden hat.
3 Ich kann dieses Jahr nicht nach Brasilien fliegen, denn ich habe keinen Urlaub mehr.
4 Er spricht fließend Portugiesisch, denn er hat in Lissabon studiert.
5 Ich liebe das Leben in einer Großstadt. Deshalb bin ich nach Berlin gezogen.
6 Sie braucht Geschäfte, Kinos und Cafés in ihrer Nähe, deshalb wohnt sie im Stadtzentrum.
7 Ich kann jetzt endlich ein neues Auto kaufen, ich habe nämlich die Stelle bekommen.
8 Ich kann jetzt nicht kommen, ich muss nämlich gleich zum Arzt.

Hinweis: Sie können die Übungen zu Prüfungen jetzt machen oder,
wenn Sie noch unsicher sind, zu einem späteren Zeitpunkt.

22 **Lesen Sie die Aufgaben 1–6 und den Text dazu. Entscheiden Sie dann:
Sind die Aussagen 1–6 zum Text richtig oder falsch? Kreuzen Sie an.**

Diese-Woche-Blog

23. November

Diese Woche werde ich so schnell nicht vergessen. Ihr könnt euch nicht vorstellen,
was mir passiert ist. Ich habe euch ja immer wieder erzählt, wie ich mein Geld für mein
Traumsofa zusammenspare. Ich habe ja aufgehört zu rauchen und jeden Tag habe ich fünf
Euro in ein Sparschwein gesteckt. Aber das wisst ihr schon alles. Nächste Woche wird
jetzt endlich mein neues Sofa angeliefert. Dafür muss aber das alte Sofa weg. Deshalb
habe ich gleich am Montag bei der städtischen Müllabfuhr angerufen. Die sollten den
Sperrmüll, also mein Sofa, abholen. Aber wisst ihr was? Die kommen erst in vier Wochen.
Wo soll ich denn so lange mein altes Sofa hintun, frag ich euch. Der Beamte empfahl mir,
eine private Sperrmüll-Firma anzurufen. „Und wo finde ich eine?", fragte ich. „Ach, da
gibt's viele", sagte der Beamte, „schauen Sie doch in den Gelben Seiten nach". Im Internet
habe ich dann auch eine Firma gefunden. Als ich angerufen hab, waren die auch sehr nett.
Sie meinten, das wäre doch gar kein Problem. Als ich fragte, wie viel das kosten würde,
sagten sie hundert Euro. Okay, das ist wirklich viel Geld, aber Hauptsache, das Sofa ist
weg. Stimmt doch, oder? Ich habe dann noch gefragt, wann sie das Sofa abholen. Und
stellt euch vor, die wollten gleich am Montagabend kommen, aber nicht vor 22.00 Uhr.
Super Service, habe ich gedacht. Pünktlich um zehn Uhr abends waren sie auch da. Keine
fünf Minuten, und mein Sofa war auch schon weg. Zehn Minuten später hatte ich die
Rechnung in der Hand: 420 Euro. Ich bin fast umgefallen. Ich war so geschockt, ich habe
die 420 Euro erst einmal sofort bezahlt. Ich wusste nicht, was ich machen sollte. Und die
beiden Männer waren wirklich stark, richtig gefährlich.

Am nächsten Tag habe ich eine Beratungsstelle angerufen. Die haben gesagt, ich soll
einen Brief schreiben und sagen, dass ich 320 Euro zurückhaben möchte. Vielleicht geben
sie mir das Geld zurück. Sonst muss ich zum Rechtsanwalt. Das nächste Mal, das ist
sicher, rufe ich rechtzeitig bei der städtischen Müllabfuhr an. Da kostet das nur 27 Euro.
Und die verlangen auch nicht mehr. Ehrlich gesagt, ich weiß nicht, ob ich mein Geld
zurückbekomme. Jetzt kann ich ja schon mal für die Rechtsanwaltskosten sparen.
Eure sparsame Klarissa

	richtig	falsch
1 Klarissa hat noch immer nicht genug Geld für das Sofa.	☐	☒
2 Klarissa hat bei der Müllabfuhr angerufen, damit sie ihr Sofa abholt.	☒	☐
3 Eine private Firma hat versprochen, das Sofa abzuholen.	☒	☐
4 Die Firma kann das Sofa aber nur tagsüber abholen.	☐	☒
5 Der Transport kostet nicht 420 Euro, sondern 100 Euro.	☐	☒
6 Klarissa bekommt ihr Geld vielleicht zurück.	☒	☐

23 Lesen Sie die Aufgaben. Lesen Sie dann den Text aus der Presse.
Entscheiden Sie dann bei jeder Aufgabe, ob a, b oder c richtig ist. Kreuzen Sie an.

Sicherheit beim Skifahren

Dieses Jahr hat der Winter sehr früh angefangen. Auf den Skipisten liegt viel Schnee, dem Skivergnügen steht nichts mehr im Weg. Wie ist es aber mit der Sicherheit? Jedes Jahr fahren immer mehr Menschen Ski. Das heißt, es sind immer mehr Menschen auf den Abfahrtspisten in den Bergen und das bedeutet auch, dass die Unfallgefahr zunimmt. Aber mit ein paar Tipps und Regeln kann man die Risiken vermeiden. Am allerwichtigsten ist die Ausrüstung: Die fängt mit einem guten Skihelm an: schützt vor Kopfverletzungen. Gute Handschuhe schützen die Hände vor Kälte und Verletzungen. Wer sicher fahren möchte, achtet auch auf sichere Ski und gute Skischuhe. Diese dürfen nicht zu groß sein, weil dann die Stabilität beim Fahren abnimmt, aber auch nicht zu eng, weil dann die Füße kalt werden. Im Extremfall kann es sogar zu Erfrierungen kommen, weil die Blutversorgung in den Füßen unterbrochen wird. Es ist auch nicht egal, was man anzieht. Modisch muss die Kleidung nicht sein, aber warm, wasserfest und bequem. Und nicht zuletzt gilt: auch beim Skifahren regelmäßig Pausen machen. Ausreichend essen und trinken, aber keine alkoholischen Getränke! Mit Alkohol im Blut kann man nicht mehr richtig reagieren, die Unfallgefahr steigt. Wer sich optimal vorbereiten will, macht schon im Sommer und im Herbst spezielle Trainingsprogramme, um im Winter fit für das Skifahren zu sein.

1 In diesem Text geht es darum,

a warum Skifahren gefährlich ist.
b wie man Unfälle beim Skifahren vermeiden kann.
c warum es Unfälle beim Skifahren gibt.

2 Um Unfälle zu vermeiden, empfiehlt der Autor,

a nur bei gutem Wetter Ski zu fahren.
b einen Helm und warme Kleidung zu tragen.
c bei Helm und Kleidung auf die Mode zu achten.

3 Sicher fährt,

a wer regelmäßig eine Pause macht.
b wer sich mit alkoholischen Getränken warm hält.
c wer sich im Sommer und Herbst ausruht.

A   Mein erster Tag

WORTSCHATZ: Schule ·······▶ zu Kursbuch Seite 42

1 **ⓐ** Denken Sie zurück an Ihre Schulzeit. Was gab es da? Kreuzen Sie an.

1 im Klassenzimmer

Tafel ☐ ▣ Kreide ☐ ▣ Schwamm ☐ ▣ Pult ☐ ▣ Tisch ☐ ▣ Stuhl ☐ ▣
Waschbecken ☐ ▣ Hausschuhe ☐

2 in Ihrer Schultasche / in Ihrem Rucksack

Heft ☐ ▣ Mappe ☐ ▣ Füller ☐ ▣ Kugelschreiber ☐ ▣ Bleistift ☐ ▣ Buntstifte ☐ ▣
Filzstifte ☐ ▣ Schere ☐ ▣ Marker ☐ ▣ Block ☐ ▣ Lineal ☐ ▣ Radiergummi ☐

ⓑ Was gibt es in der Schule / im Unterricht? Kreuzen Sie an.

1 Bibliothek ☐ ▣ **2** Hausaufgabe ☐ ▣ **3** Klassenarbeit* ☐ ▣ **4** Lehrer ☐ ▣ **5** Professor ☐ ▣
6 Schüler ☐ ▣ **7** Student ☐ ▣ **8** Vorlesung ☐

*Schulaufgabe / Schularbeit (in A); Klassenarbeit / Probe (in CH); es gibt weitere regionale Unterschiede.

ⓒ Was macht man in den einzelnen Schulfächern? Kreuzen Sie an.
Es gibt manchmal mehrere Möglichkeiten.

	lesen	schreiben	rechnen	zeichnen/malen	singen
1 Mathematik	☐	☐	☐	☐	☐
2 Kunst	☐	☐	☐	☐	☐
3 Deutsch	☐	☐	☐	☐	☐
4 Musik	☐	☐	☐	☐	☐

ⓓ Ergänzen Sie die passende Präposition.
Es gibt manchmal mehrere Möglichkeiten.

an der ▣ auf dem ▣ für eine ▣ in ▣ in die ▣ mit dem ▣ zur ▣ in der

1 *in die* .... Schule gehen

2 .... Universität studieren

3 .... Pause

4 .... Klassenarbeit lernen

5 .... Schulbus fahren

6 gut sein .... Mathematik

7 .... Schulhof

e Wie heißen diese Gegenstände im Büro? Ordnen Sie zu.

VERTIEFUNG

1 Ordner ■ 2 Stempel ■ 3 Briefumschlag ■ 4 Briefmarke ■ 5 Mappe ■
6 Radiergummi ■ 7 Büroklammer ■ 8 Druckerpapier ■ 9 Beamer ■ 10 Flipchart

A   B   C   D   E

F   G   H   I   J

4

GRAMMATIK: Zeitformen (Gegenwart, Vergangenheit) ⟶ zu Kursbuch Seite 42

2 Präsens im Kontext

a Ergänzen Sie die Verben im Präsens.

1 Unser Geschäft _ist_ zwischen zehn und zwanzig Uhr geöffnet. (sein)

2 Ich .... immer mit Kugelschreiber. (schreiben)

3 Auf dem Foto .... du mich und meine beiden Geschwister. (sehen)

4 Mit dem Abitur .... man studieren. (können)

5 Also, morgen .... wir um acht Uhr .... (anfangen)

6 Etwas ausdrucken? Ganz einfach. Das .... man so! (machen)

7 Heute .... unser Korrespondent Nguyen Yuan aus Berlin. (berichten)

8 Spaghetti .... man am besten mit viel Salzwasser. (kochen)

b Verwendung von Präsens
Ordnen Sie weitere Sätze aus a zu.

1 Etwas ist heute so.   _7,_

2 Etwas ist morgen so.   ....

3 Etwas ist immer so.   _1, 2,_

4 So macht man etwas normalerweise.   _8,_

5 Man beschreibt etwas.   _3,_

3 **ⓐ** Perfekt und Präteritum: Verwendung

21

Lesen und hören Sie den folgenden Text. Was für ein Text ist das? Kreuzen Sie an.

1 ☐ Brief
2 ☐ Märchen
3 ☐ Zeitungsbericht
4 ☐ Erzählung

Mein erster Schultag

Endlich war er da, mein erster Schultag, endlich war ich so groß wie meine Freunde, die schon in der Schule waren. Warum ich mich so gefreut hab? Weil ich lernen wollte. Im Kindergarten und in der Vorschule war mir schon so langweilig, immer nur malen und basteln.

Aber dieser erste Schultag, der hat mich wirklich enttäuscht. Erst musste man sagen, wie man heißt, wo man wohnt, ob man sich auf die Schule freut. Das war ziemlich langweilig. Dann endlich durften wir unsere Schultüten auspacken. In meiner waren – ich weiß es noch genau – eine Schere, ein Kleber, ein Federmäppchen mit einem Bleistift und einem Radiergummi, mit einem Anspitzer und einem neuen Füller. Dann waren da noch eine Packung mit 24 Buntstiften, ein Kugelschreiber, ein Marker und ein Tagebuch. Ein echtes Tagebuch! Ich war überglücklich. Erst dann hab ich gesehen, dass die anderen lauter Süßigkeiten hatten, und Kuscheltiere und Spielautos.

ⓑ Unterstreichen Sie alle Verben in dem Text in a.
Bei welchen Verben steht im Text Präteritum, bei welchen Perfekt?
Kreuzen Sie an.

	Präteritum	Perfekt
1 Hilfsverben: *haben, sein*	☐	☐
2 Modalverben: *wollen, müssen, dürfen*	☐	☐
3 alle anderen Verben	☐	☐

4 **ⓐ** Lesen Sie die Texte A–C.
Achten Sie auf die markierten Stellen und lösen Sie die Aufgabe.

A Blog in einem Internetforum

Schlüsseldienst
Jetzt muss ich euch erzählen, was gestern Nacht bei mir los war. Ziemlich unangenehm und ziemlich teuer. Aber erst mal alles der Reihe nach. Gestern waren wir mit unserer Arbeitsgruppe (Ihr erinnert Euch: für das Englisch-Seminar) noch essen, weil wir unser Projekt fertig haben und ein bisschen feiern wollten. Es war also ziemlich spät, so halb zwölf, als ich nach Hause gekommen bin. Als ich in meine Wohnung wollte (der Hauseingang steht bei uns immer offen), konnte ich aber nicht rein, weil ich meinen Schlüssel nicht mehr hatte. Da hab ich in meinem Handy (so ein Smartphone ist was Tolles) einen Schlüsseldienst gesucht und angerufen. Der ist sofort gekommen und hat die Tür auch gleich geöffnet. Drei Minuten, länger hat das sicher nicht gedauert. Die Rechnung? Fragt mich nicht, ich kann's fast nicht schreiben: 330 Euro, weil es nachts war.

…

B Brief

Sehr geehrter Herr Dr. Jonas,

können Sie mir bitte erklären, was mein Traum bedeutet?
Also, ich bin durch eine wunderschöne Landschaft geflogen, unter mir lagen Berge, Täler, Wiesen und Wälder. Wirklich, ich konnte fliegen. Aber plötzlich konnte ich meine Arme nicht mehr bewegen. Ich bin gefallen, immer tiefer, immer schneller ... Und kurz bevor ich auf dem Boden angekommen bin, bin ich aufgewacht.

Vielen Dank und viele Grüße
Holger Meindl

C Zeitungsbericht

Beim Einbruch eingeschlafen

Einen jungen Mann entdeckte heute Morgen ein Mitarbeiter in den Verkaufsräumen eines Autohauses in Freiburg. Der Unbekannte war offensichtlich in der Nacht in das Gebäude eingebrochen und irgendwann eingeschlafen.

Ursache für das Schlafbedürfnis war vermutlich nicht die anstrengende Tätigkeit des Einbrechers, sondern die Einnahme von Schlafmitteln. Obwohl ihm der ungebetene Weckdienst nicht gefiel, folgte der Einbrecher den Polizisten auf die Wache.

Welche Zeitformen werden in den Texten A–C verwendet (außer Hilfs- und Modalverben)?
Lesen Sie noch einmal die markierten Textstellen und kreuzen Sie an.
Vergleichen Sie mit dem Lösungsschlüssel.

	Präteritum	Perfekt
A Erzählung in einem Blog	☐	☐
B persönlicher Brief	☐	☐
C Zeitungsbericht	☐	☐

b Formen: Perfekt und Präteritum der unregelmäßigen Verben

WIEDERHOLUNG

1 Machen Sie eine Tabelle mit den folgenden Verben wie im Beispiel. Notieren Sie einen Beispielsatz.

sein ■ haben ■ werden ■ müssen ■ können ■ dürfen ■ wollen ■ (etwas gut/schlecht) finden

Verb (Infinitiv)	Präteritum	Beispiel	(Perfekt: nicht so häufig)
sein	war	Gestern war es sehr schön.	ist gewesen
...	...	...	...

2 Machen Sie eine zweite Tabelle wie im Beispiel.
Wählen Sie einige Verben aus und notieren Sie einen Beispielsatz.

abheben ■ abschließen ■ anfangen ■ anrufen ■ anziehen ■ beißen ■ bestehen ■ bewerben ■ bleiben ■ braten ■ brechen ■ brennen ■ bringen ■ denken ■ einladen ■ einsteigen ■ essen ■ fahren ■ finden ■ fliegen ■ frieren ■ geben ■ gefallen ■ gehen ■ gewinnen ■ helfen ■ kennen ■ kommen ■ lassen ■ laufen ■ legen ■ leihen ■ lesen ■ liegen ■ nehmen ■ rennen ■ schlafen ■ schlagen ■ schreiben ■ schwimmen ■ sehen ■ singen ■ sitzen ■ sprechen ■ stehen ■ treffen ■ trinken ■ tun ■ umziehen ■ vergessen ■ verlieren ■ verstehen ■ wachsen ■ waschen ■ wegwerfen ■ wehtun ■ wissen

Verb (Infinitiv)	Perfekt	Beispiel	(Präteritum: nicht so häufig)
anrufen	hat angerufen	Hast du sie schon angerufen?	rief an
...	...	...	...

c Welches Verb passt? Ergänzen Sie es in der richtigen Form.

abheben ■ beißen ■ braten ■ brechen ■ einladen ■ fahren ■ finden ■ nehmen ■ tragen ■ verstehen ■ wegwerfen

1 Warum hast du deinen Chef nicht zu deinem Fest _eingeladen_ ?

2 Das Kleid ist noch fast neu. Ich habe es nur einmal ....

3 Ich habe mir beim Skifahren das Bein ....

4 Die Zeitung von gestern habe ich schon ....

5 Hast du Geld von unserem Konto ....

6 Ich habe doch nicht das Auto .... Ich bin mit dem Zug ....

7 Tut mir leid, aber ich habe die Physikaufgabe noch immer nicht ....

8 Du glaubst es nicht. Gestern hat mich doch wirklich ein Hund ins Bein ....

9 Ich habe mir heute Mittag ein Steak ....

10 Ich habe den Schlüssel immer noch nicht ....

d Wiederholen Sie die wichtigsten Verben mit *-ieren*.
Welche Verben verwenden Sie oft? Schreiben Sie jeweils einen Satz in der Vergangenheit.

buchstabieren ■ diskutieren ■ fotografieren ■ informieren ■ kopieren ■ korrigieren ■ notieren ■
organisieren ■ probieren ■ sich rasieren ■ reparieren ■ reservieren ■ studieren ■ telefonieren ■
trainieren ■ transportieren ■ abonnieren

Hast du dich heute schon rasiert?

...

5 Plusquamperfekt

a Lesen Sie die Sätze. Was passierte zuerst (1), was passierte danach (2)?
Ergänzen Sie *1* oder *2*.

1 [1] Ich war gerade eingeschlafen, [2] da klingelte das Telefon.
2 [ ] Ich begann sofort eine Ausbildung, [ ] nachdem ich die Schule beendet hatte.
3 [ ] Ich konnte nicht in die Wohnung. [ ] Ich hatte meinen Schlüssel verloren.
4 [ ] Ich war glücklich. [ ] Ich hatte die Abschlussprüfung bestanden.
5 [ ] Ich habe mein altes Tagebuch wiedergefunden, [ ] das ich vor Jahren verloren hatte.

b Lesen Sie die Sätze und ergänzen Sie das Verb im Plusquamperfekt.

1 Als ich den ersten Teil des Krimis zu Ende _gelesen hatte_ (lesen), habe ich mir gleich den
zweiten Teil gekauft.

2 Stell dir vor: Kaum .... sie die Führerscheinprüfung .... (bestehen),
hat sie sich auch schon ein Auto gekauft.

3 An seinem fünfzigsten Geburtstag besuchte er noch einmal den Ort, wo er als Kind zur Schule
.... (gehen).

4 Erst nachdem sie alle Teile für den Schrank .... (auspacken), merkte sie, dass eine
Tür fehlte.

5 Er verließ heimlich seine Stadt. Vorher .... er sein ganzes Geld von der Bank
.... (holen).

→ zu Kursbuch Seite 42

TEXTE BAUEN: von einem Ereignis erzählen / über ein Erlebnis berichten

6 a Welches Verb passt? Ergänzen Sie und achten Sie auf die richtige Form.

Perfekt: machen ■ anhalten ■ kaufen ■ setzen ■ studieren
Präteritum: haben

Als wir noch _studiert_ _haben_ , ... wir einmal eine Fahrradtour

durch Südfrankreich .... In einer kleinen Stadt .... wir

.... Weil wir nicht viel Geld .... , ... wir uns Brot und

Käse .... und uns zum Essen auf den Marktplatz ....

22 b Schreiben Sie die Geschichte weiter mit den folgenden Angaben im Infinitiv. Achten Sie auf die korrekte Form des Verbs. Hören Sie die Geschichte und überprüfen Sie Ihren Text.

- da ein Mann kommen und uns fragen, wo wir herkommen
- er erzählen, dass er als Jugendlicher mit dem Fahrrad in Deutschland sein und die Menschen immer sehr freundlich sein
- dann er uns zum Essen einladen und mit uns über unsere Reise sprechen

7 Schreiben Sie jetzt eine Geschichte, die Sie selbst erlebt haben oder die Sie gehört/gelesen haben.

B Nur geträumt?

→ zu Kursbuch Seite 44

GRAMMATIK: temporale Angaben mit Adverbien

8 a Worauf beziehen sich die markierten Adverbien in A, B und C? Auf etwas, das zur gleichen Zeit oder in der Zukunft passiert oder in der Vergangenheit passiert ist? Notieren Sie.

A _in der Zukunft_
1 Kannst du später noch einmal anrufen? Ich habe jetzt keine Zeit.
2 Warte noch eine Minute. Ich komme gleich.
3 Bis Rostock sind es noch vierzig Kilometer. Wir sind also bald da.
4 Das machen wir morgen, für heute ist Schluss.
5 Schau mal, nachher kommt ein guter Film im Fernsehen.

B ....
6 Sonnenschein und 28 Grad: Heute ist ein schöner Tag.
7 Komm schnell: Es kommt gerade ein Film über unsere Stadt.
8 Setzt euch hin. Das Essen ist jetzt fertig und nicht in einer halben Stunde.
9 Er holte die Kinder von der Schule ab. Sie ging inzwischen einkaufen.
10 Die Suppe kochte und gleichzeitig klingelte das Telefon.

C ....
11 Wann bist du denn gestern nach Hause gekommen?
12 Früher waren die Brötchen viel billiger, sagt meine Oma.
13 Sie dachte manchmal an ihre Kindheit. Damals wohnten sie in einer kleinen Wohnung in der Stadt.
14 Heute bin ich Jurist, vorher war ich Musiker.

b Ergänzen Sie die passenden Adverbien.

danach/dann ■ einmal ■ früh ■ noch mal ■ plötzlich ■ sofort ■ spät ■ (zu)erst

1 Nudeln kochen ist ganz einfach: _Zuerst_ bringst du Wasser zum Kochen,

.... kommen die Nudeln in den Topf und .... lässt du die

Nudeln sieben bis acht Minuten kochen.

2 Wir müssen gehen. Es ist schon ....

3 Ich nehme den Zug um 9:32 Uhr. Der um 8:32 ist mir zu ....

4 Ich bin dieses Jahr erst .... krank gewesen.

5 Ich kann sie nicht erreichen. Ich rufe später .... an.

6 Ich schaue gerade meine Lieblingsserie, da fällt .... der Strom aus. So ein Mist!

7 Warten Sie kurz, ich bin .... bei Ihnen.

c Welches Adverb passt? Kreuzen Sie an.

1 Wir haben noch Zeit. Es ist   nur ☐   erst ☐   um acht.
2 Der Kühlschrank ist voll. Ich habe   vorher ☐   früher ☐   schon eingekauft.
3 Wenn Sie eine Frage haben, können Sie mich   immer ☐   irgendwann ☐   anrufen.

d Was bedeutet *nachher*? Lesen Sie den Satz und kreuzen Sie an.

Ich rufe dich nachher an.   1 ☐ Ich rufe dich in ein paar Tagen an.
                             2 ☐ Ich rufe dich in ein bis zwei Stunden an.

e Wie oft? Bringen Sie die Adverbien in eine sinnvolle Reihenfolge.

Ich sehe dieses Fernsehprogamm   manchmal ☐   meistens ☐   nie ⑥   oft ☐   selten ☐   immer ①

f Notieren Sie die Adverbien und bilden Sie Sätze, die für Ihren Alltag wichtig sind.

	jeden/jede		Dauer
1	Abend	...abends...	
2	Dienstag	....	
3	Mittag	....	
4	Monat	....	monatelang
5	Morgen	....	
6	Nachmittag	....	
7	Vormittag	....	
8	Tag	....	tagsüber/tagelang
9	Werktag	werktags	
10	Nacht	....	....
11	Woche	....	....

Ich gehe abends nicht vor zehn Uhr ins Bett.
Bei uns scheint monatelang die Sonne.
...

9 ⓐ Vertauschte Koffer

1 Lesen Sie den kurzen Zeitungsbericht. Ordnen Sie dann die Zeichnungen zu.

Vertauschte Koffer

Amanda S., 12, war am Wochenende zum ersten Mal allein mit dem Flugzeug
nach Bern unterwegs 4. Dort wollte sie ihre Tante besuchen. Sie nahm nach der Ankunft
ihren kleinen schwarzen Koffer vom Band 7 und begrüßte dann ihre Tante 1.
Als sie ihren Koffer öffneten, staunten sie und ihre Tante. Es waren lauter Dollarscheine
und keine Kleidungsstücke darin 3. Offensichtlich hatte Amanda den falschen Koffer
mitgenommen. Amanda und ihre Tante riefen sofort die Polizei an 6 und übergaben
dann den Koffer mit dem Geld 2. Bestimmt staunte auch der Bankräuber, als er
Amandas Koffer öffnete! 5

2 Ordnen Sie die Informationen den Fragen zu.

1 Wohin ist Amanda geflogen? _d_
2 Was hat Amanda am Flughafen in Bern gemacht? _f_
3 Wohin ist Amanda dann gefahren? _a_
4 Was hat Amanda im Haus der Tante
  als Erstes gemacht? _c_
5 Was war in dem Koffer? _b_
6 Was haben sie dann gemacht? _e_
7 Was ist passiert? _g_
8 Was glauben Amanda und ihre Tante,
  wem gehört der Koffer? _h_

a zur Tante nach Hause gefahren
b im Koffer waren lauter Dollarscheine
c den Koffer geöffnet, wollte ihrer Tante
  ein Geschenk geben
d zur Tante nach Bern, sehr aufgeregt und
  sich sehr auf Besuch bei Tante gefreut
e die Polizei angerufen und den Polizisten
  den Koffer mit dem Geld gegeben
f am Flughafen ihren schwarzen Koffer
  vom Band genommen und Tante begrüßt
g Amanda den Koffer vertauscht /
  verwechselt, weil er genauso aussieht
h gehört vielleicht einem Bankräuber

3 Sie sind Amanda und erzählen am Abend in Ihrem privaten Blog, was Ihnen passiert ist. Schreiben Sie mit den Informationen aus b Amandas Text weiter. Vergleichen Sie mit dem Lösungsschlüssel.

Samstagabend. Stellt euch vor, was mir heute passiert ist. Ich durfte allein zu meiner Tante nach Bern fliegen. Ich war sehr aufgeregt und habe mich sehr auf meinen Besuch bei ihr gefreut.

....

....

....

....

....

....

....

Wir mussten so lachen, als wir uns vorgestellt haben, wie der Bankräuber das Geschenk für meine Tante auspackt.

VERTIEFUNG

ⓑ **Missgeschicke im Alltag**

Lesen Sie die Stichpunkte. Bringen Sie sie in eine sinnvolle Reihenfolge und erzählen Sie dann die Geschichte. Verwenden Sie, wenn es passt, auch einige der folgenden Adverbien.

und ■ dann ■ danach ■ nachher ■ später ■ zuerst ■ schließlich

a ☐ noch Kekse im Schrank finden
b ☐ meine Freunde kommen und Kuchen probieren
c ☐ einen Kuchen backen
d ☐1 am letzten Sonntag Freunde zu Kaffee und Kuchen einladen
e ☐ leider Salz und Zucker verwechseln, aber nicht bemerken
f ☐ Kekse zum Kaffee essen und viel lachen
g ☐ ein komisches Gesicht machen

ⓒ **Zum ersten Mal mit dem Fahrrad unterwegs**
Formulieren Sie mithilfe der Stichworte eine kleine Geschichte.

- mit 4 oder 5 Jahren Fahrrad bekommen
- rot gewesen
- mit meinen Eltern im Hof gewesen
- fahren gelernt, viel Spaß gemacht
- immer schneller gefahren
- Mülltonne im Weg; nicht mehr bremsen können
- hingefallen, wehgetan
- meine Eltern Eis gekauft
- wieder gelacht
- wieder aufs Rad gestiegen
- weitergefahren

C Abendpost – Nachrichten aus der Region

GRAMMATIK: temporale Angaben mit Präpositionen und Konjunktionen ------▶ zu Kursbuch Seite 46

10 Temporale Angaben mit Präpositionen

a Ergänzen Sie die passenden Präpositionen.

1 ~~Nach~~ ■ seit ■ zwischen ■ während ■ vor

    a Wo bleibst du denn? Ich warte schon _____seit_____ zwei Stunden auf dich!

    b _Nach_____ zwei Stunden ist sie endlich gekommen.

    c Ich weiß nicht, wo er ist. _____vor_____ zwei Minuten war er noch da.

    d Das Rauchen an Bord ist _während_ des gesamten Flugs verboten.

    e Ich komme so _zwischen_ neun und zehn Uhr.

2 ab ■ am ■ von ... bis ■ vom ... bis zum

    a Sie rufen außerhalb unserer Sprechstunde an. Unsere Praxis ist _____von_____ Montag

    _bis_____ Mittwoch _____von_____ acht _____bis_____ fünfzehn Uhr geöffnet und

    _____am_____ Donnerstag von zwölf bis zwanzig Uhr.

    b Unsere Praxis ist wegen Urlaub _____vom_____ 16. _____bis zum_ 29. April geschlossen.

    _____ab_____ dem zweiten Mai sind wir wieder für Sie da.

b Welche Präpositionen passen? Kreuzen Sie an. Es gibt mehrere Möglichkeiten.

1 im ☑ ab ☐ während ☐ Mai
2 seit ☑ um ☑ am ☐ zehnten Mai
3 im ☐ bis ☑ am ☑ Freitag
4 ab ☑ zwischen ☐ um ☑ 16 Uhr
5 im ☑ an ☐ zu ☐ Ostern

c Welcher Satz ist richtig? Kreuzen Sie an.

1 ☑ Ich wohne seit zwei Jahren hier.
2 ☐ Ich habe seit zwei Jahren hier gewohnt.

11 Temporale Angaben mit Konjunktionen

a Ergänzen Sie *als* oder *wenn*.

1 Ich melde mich, _wenn_____ ich angekommen bin.

2 Was hast du gemacht, _____als_____ du in Rom warst?

3 Immer _wenn_____ ich in Rom bin, übernachte ich im Hotel Grimaldini.

4 _als_____ das Hotel Grimaldini renoviert wurde, bin ich nicht nach Rom gefahren.

ⓑ Ergänzen Sie die passenden Konjunktionen.

nachdem ■ bis ■ seit ■ bevor ■ sobald ■ während

1 Natürlich, ich rufe Sie an, *sobald* ich ankomme. Sie können sich darauf verlassen.

2 Warte, wir müssen noch tanken, *bevor* wir losfahren.

3 Wir haben noch ein bisschen Zeit, *bis* wir losgehen müssen.

4 *Seit* ich keine Angst mehr vorm Fliegen habe, reise ich in die ganze Welt.

5 Erst *nachdem* wir das Schiff verlassen hatten, ging es mir wieder besser.

6 Du hast nichts verpasst. *Während* du im Urlaub warst, hat es bei uns nur geregnet.

WORTSCHATZ: Bewertung   ·······▶ zu Kursbuch Seite 47

12 ⓐ Welche Adjektive sind eher positiv (+), welche eher negativ (−)? Notieren Sie.

gut ⊞ ■ interessant ☐ ■ komisch ☐ ■ langweilig ⊟ ■ lustig ☐ ■ merkwürdig ☐ ■ nützlich ☐ ■
schlecht ☐ ■ schockierend ☐ ■ schön ☐ ■ seltsam ☐ ■ spannend ☐ ■ super ☐ ■ toll ☐ ■ unglaublich ☐

ⓑ Kommentieren Sie die folgenden Schlagzeilen mit Adjektiven aus a.

Das finde ich ... ■ Das ist (sehr) ... ■ Das ist ja ... ■ Das ist wirklich eine ... Geschichte. ■
Ich kann gar nicht glauben, dass ...

1 Steuersenkungen erst in zwei Jahren
2 Deutsch: eine der drei am häufigsten gelernten Sprachen der Welt
3 Grundgehalt von 1000 Euro für alle
4 Der Berliner Fernsehturm – das höchste Gebäude Deutschlands
5 Das längste deutsche Wort:
„Rindfleischetikettierungsüberwachungsaufgabenübertragungsgesetz"

TEXTE BAUEN: Kommentar   ·······▶ zu Kursbuch Seite 47

13 ⓐ Lesen Sie den folgenden Text. Notieren Sie in Stichpunkten, was Sie darüber denken.

Studentinnen wohnen im Zelt vor der Universität

Ariane und Melina haben endlich einen Studienplatz in Medizin bekommen, aber kein günstiges Zimmer gefunden. Da das Semester am Montag anfing, hatten sie die Idee, gleich vor der Universität auf der Wiese ihr Zelt aufzubauen. Ariane findet das prima: „Ich kann zwischen den Vorlesungen schnell nach Hause gehen, etwas lesen oder mich auf das kommende Seminar vorbereiten." Zum Essen gehen die beiden in die Mensa, da kennt man sie schon. Sie haben warme Bergsteigerschlafsäcke, und wenn sie wach sind, heizen sie mit einem kleinen Campingheizgerät. Zum Duschen gehen sie in das Sportzentrum der Universität. „Eine tolle Idee", sagt Klaus, ein anderer Student. „Am Wochenende bauen wir, ich und ein paar Freunde, auch unsere Zelte auf. Wir gründen den Universitäts-Campingplatz."

Notizen: ....

....

b Lesen Sie die folgenden Wendungen und Ausdrücke.
Können Sie einige davon mit Ihren Notizen ergänzen?

Das ist wirklich ein/e ....

Ich kann gar nicht glauben, dass ....

Vielleicht stimmt es, dass ....

Ich kann mir aber nicht vorstellen, dass ....

Gut gefällt mir der Kommentar von ....

Ich finde auch, dass ....

Vielleicht will ich auch ....

Trotzdem würde ich (kein / nicht) ....

c Formulieren Sie jetzt einen zusammenhängenden Kommentar.
Sie können dabei Ihre Notizen aus a und passende Wendungen und Ausdrücke
aus b verwenden. Achten Sie darauf, dass Sie die Sätze verbinden.
Vergleichen Sie mit dem Lösungsschlüssel.

4

D Zwei Menschen – zwei Ereignisse

SÄTZE BAUEN: bei einer offiziellen Stelle anrufen ·······▶ zu Kursbuch Seite 49

14

23

Sich am Telefon vorstellen. Hören und lesen Sie.
Wo rufen die Personen jeweils an? Ordnen Sie zu.

a Kindersendung ▪ b Gesprächsrunde im Radio ▪ c öffentliches Amt ▪ d Kundenservice

1 Guten Tag, hier spricht Frau Kantner aus Erfurt. *b, c, d.*

2 Hallo, ich bin die Petra. ....

3 Hallo, ja, hier spricht Müller, Lisa Müller, wir brauchen einen neuen Reisepass, der alte ist abgelaufen. ....

4 Hier Susanne Lüdewitz aus der Theresienstraße. Sind Sie für die Müllabfuhr bei uns zuständig? Also ....

5 Ja, Meier, hören Sie, Frau Meier hier, ja, ich möchte auch etwas dazu sagen, ja, ...

6 Mein Name ist Lindemann, ich rufe wegen einer Telefonstörung an. ....

7 Meisner, guten Tag. Ich habe letzte Woche eine Spülmaschine bei Ihnen gekauft und ....

8 Udo Lindemann. Ich möchte kurz sagen, dass ich auch der Meinung wie mein Vorredner bin. ....

15 ⓐ Hören Sie die Wörter und die Sätze. Achten Sie auf die Aussprache.
24 Was hören Sie: *-ich*, *-iche* oder *-ige*? Kreuzen Sie an.

			-ich	-iche	-ige
1	langweilig	Dieser Film ist ja total langweilig.	☐	☐	☐
2	lustige	Das sind ja lustige Handschuhe.	☐	☐	☐
3 a	lustig	Also lustig ist diese Geschichte wirklich nicht.	☐	☐	☐
b	wirklich		☐	☐	☐
4	unglaublich	Das sind unglaubliche Fotos.	☐	☐	☐

25 ⓑ Hören Sie die folgenden Wörter.
Sind die Vokale kurz (●) oder lang (–)? Notieren Sie.

1	gute	–	9	schockierend	☐
2	interessant	●	10	schön	☐
3	komisch	☐	11	seltsam	☐
4	langweilig	☐	12	spannend	☐
5	lustig	☐	13	super	☐
6	merkwürdig	☐	14	toll	☐
7	nützlich	☐	15	unglaublich	☐
8	schlecht	☐			

ÜBUNGEN ZU PRÜFUNGEN

Hinweis: Sie können die Übungen zu Prüfungen jetzt machen oder,
wenn Sie noch unsicher sind, zu einem späteren Zeitpunkt.

16 Sie sitzen in der Kantine und hören am Nachbartisch ein Gespräch
26 Ihres Kollegen Lukas und Ihrer Kollegin Chiara.
Lesen Sie zuerst die Aufgaben.
Hören Sie dann das Gespräch und entscheiden Sie: Wurde das im Gespräch gesagt?
Ist die Aussage richtig oder falsch? Kreuzen Sie an.

		richtig	falsch
1	Chiara hat eine neue Kollegin.	☐	☐
2	Chiara und die neue Kollegin haben sich erst in der Firma kennengelernt.	☐	☐
3	Chiara war auf dem Einweihungsfest von Alinas neuer Wohnung.	☐	☐
4	Die Wohnung ist ziemlich klein und liegt in einer Neubausiedlung.	☐	☐
5	Alina wohnt in der Wohnung zusammen mit ihrem Partner.	☐	☐
6	Lukas möchte Alina gern kennenlernen, weil er mit ihr zusammenarbeiten möchte.	☐	☐
7	Chiara plant ein Abendessen und möchte auch Lukas einladen.	☐	☐

17 **ⓐ** Betrachten Sie die folgende Statistik.
Machen Sie sich zu den folgenden Stichpunkten Notizen.

- Was ist ein Imbiss?
- Welches Essen bekommt man dort oft, welches selten?
- Essen Sie häufig in Imbissen? Oder eher selten? Warum?
- Wie ist das in Ihrer Heimat? Wird dort viel in Imbissen gegessen, zum Beispiel in der Mittagspause? Und was isst man da?

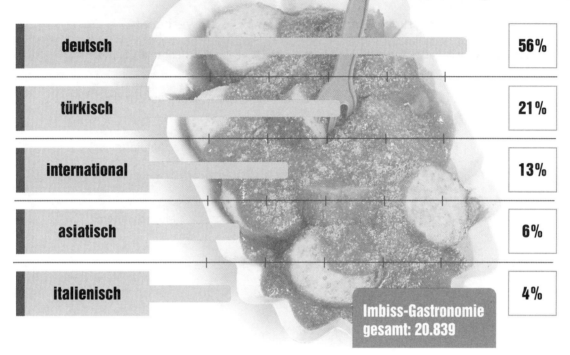

Deutsche Imbisse nach Küchenrichtung

deutsch	56%
türkisch	21%
international	13%
asiatisch	6%
italienisch	4%

Imbiss-Gastronomie gesamt: 20.839

ⓑ Sprechen Sie jetzt über die Stichpunkte, die Sie notiert haben
(zum Beispiel in ein Aufnahmegerät, in Ihren Computer oder in Ihr Handy).
Hören Sie sich die Aufnahme dann an und überlegen Sie, was Sie besser machen könnten.
Wiederholen Sie die Aufnahme gegebenenfalls.

„So war das aber nicht abgemacht!"

WORTSCHATZ: Auto / Fahrzeug und Reparatur ········▶ zu Kursbuch Seite 52

1 **ⓐ** In welchem Fahrzeug / Verkehrsmittel sitzt ein Pilot am Steuer? Kreuzen Sie an.

Auto ⬚ ▪ Bus ⬚ ▪ Straßenbahn ⬚ ▪ Zug ⬚ ▪ Flugzeug ⬚ ▪ Fahrrad ⬚ ▪
Motorrad ⬚ ▪ Schiff ⬚ ▪ Moped ⬚ ▪ Taxi ⬚

ⓑ Das muss man im Straßenverkehr beachten. Ergänzen Sie die Verben.

fahren (2x) ▪ stehen ▪ anschnallen ▪ stehen bleiben ▪ starten ▪ gehen ▪ losfahren ▪ überholen

1 Denk an den Gurt. Bei uns muss man sich im Auto auch hinten ...*anschnallen*............ .

2 Ampel für Fußgänger: Bei Grün darfst du ...., bei Rot musst

du ....

3 Darf man eigentlich schon bei Gelb ....? (3 Möglichkeiten)

4 Hallo, hier dürfen Sie nicht ....!

5 Lkws dürfen hier nicht ....

6 Also, soll ich jetzt auf den Parkplatz oder ins Parkhaus ....?

ⓒ Probleme mit dem Auto. Ergänzen Sie die fehlenden Wörter.

Reparatur ▪ Benzin ▪ Tankstelle ▪ Mietwagen ▪ Panne ▪ Werkstatt ▪ Abschleppdienst

1 ▪ Wir haben fast kein ...*Benzin*..................... mehr.

● Immer wieder dasselbe. Dahinten war doch eine ....
   Aber du musst ja immer im letzten Moment tanken.

2 ▪ Hallo, Frau Meier? Ich steh hier auf der Autobahn. – Ja, wir haben eine ....

● Was ist denn passiert?

▪ Keine Ahnung, Aber es geht gar nichts mehr. Das Auto muss in die ....

Wir warten jetzt auf den ....

Wird wohl eine größere .... Könnten Sie die Besprechung

auf den Nachmittag verlegen? Wir nehmen uns dann einen ....

d Da brauchen Sie den Fachmann, oder?
Lesen Sie die Dialoge.
Markieren Sie die Wörter, die etwas mit Fahrzeugen und Reparatur zu tun haben.
Vergleichen Sie mit dem Lösungsschlüssel.

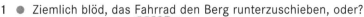

1 ● Ziemlich blöd, das Fahrrad den Berg runterzuschieben, oder?
  ■ Quatsch, mein Fahrrad ist kaputt. Wissen Sie, ob es
    in der Nähe eine Fahrradwerkstatt gibt?
  ● Nein, aber vielleicht kann ich ja Ihr Fahrrad reparieren.
    Was funktioniert denn nicht?
  ■ Die Bremsen. Ich kann nicht mehr bremsen.

2 ● Was kann ich für Sie tun?
  ■ Also, das Rücklicht geht nicht. Könnten Sie das bitte reparieren?
  ● Ja, das kann ich gleich machen.
  ■ Ach, und könnten Sie bitte noch die Luft in den Reifen und die Batterie kontrollieren,
    Öl und Wasser nachfüllen. Und dann noch bitte volltanken.

3 Hören Sie? Ihr Auto hat einen echten Motorschaden. Nein, reparieren kann man diesen Motor nicht mehr.
  Sie brauchen einen neuen. Das wird aber nicht billig.

GRAMMATIK: Aufforderungen (Imperativ) und *bitte*, *doch* ·······▶ zu Kursbuch Seite 52

2 Aufforderungen mit dem Imperativ

a Aufforderungen in einem Arbeits- oder Übungsbuch (ohne *bitte*).
WIEDERHOLUNG Formulieren Sie die folgenden Aufgaben für ein Kind, mehrere Kinder und
für Erwachsene wie im Beispiel.

- -
Text lesen ■ Brief schreiben ■ folgende Aufgaben machen ■ folgende Aufgaben lösen ■ Sätze ergänzen ■
Formen bilden ■ Wörter / Vokabeln lernen ■ Dialog hören ■ zuhören ■ Stichpunkte notieren ■
Schlüsselwörter markieren
- -

Lies den Text. – Lest den Text. – Lesen Sie den Text.
Schreib den Brief. – ...

27 **b** Mit *doch* verstärken Sie eine Aufforderung, das gilt auch für freundliche Aufforderungen.
Hören Sie die Sätze, sprechen Sie sie nach und lernen Sie die Sätze auswendig.

1 Setzen Sie sich doch.
2 Nehmen Sie doch noch ein Stück Kuchen.
3 Kommen Sie doch herein.
4 Besuchen Sie uns doch heute Abend, wir grillen im Garten.
5 Nehmen Sie das Buch doch mit, ich leihe es Ihnen gern. Sie können es mir ja
  beim nächsten Mal zurückgeben.
6 Komm doch mit, es wird sicher ein lustiger Abend.

Mit *bitte* wird die Aufforderung freundlicher, etwas schwächer.
(Trotzdem sollte man das tun, was gesagt wurde.)
Hören Sie die Sätze und sprechen Sie sie nach.

1 Rufen Sie mich morgen bitte an.
2 Schicken Sie das Angebot bitte noch heute Abend raus. Es ist sehr wichtig.
3 Hilf mir bitte in der Küche, sonst werde ich vor dem Film nicht fertig.
4 Füllen Sie das Formular bitte aus, überweisen Sie den Betrag und kommen Sie
mit dem Beleg und dem Formular dann wieder zu mir.
5 Geh bitte zum Friseur, so kannst du wirklich nicht zum Vorstellungsgespräch gehen.

SÄTZE BAUEN: jemanden beauftragen ········▶ zu Kursbuch Seite 52

3

Auftrag für eine Reparatur
Lesen Sie die Informationen und formulieren Sie dann passende Sätze
für einen Reparaturauftrag am Telefon.

Guten Tag, hier spricht ... ◼ Ich habe folgendes Problem: / Unser Problem ist, dass ... / Wir haben eine
Waschmaschine, die ... ◼ Bei mein- ... muss man ... reparieren / ölen / ... ◼ ... muss repariert werden. ◼
Können Sie mir sagen, was das ungefähr kostet? / Wir möchten nicht zu viel Geld ausgeben. / Ich möchte
nicht zu viel für die Reparatur bezahlen. ◼ Rufen Sie mich bitte an, wenn die Reparatur teurer wird? ◼
Wann hätten Sie Zeit, mein- ... zu reparieren? ◼ Wann könnten Sie kommen? / Wann könnte Ihr Mechaniker
kommen? / Sie rufen mich doch sicherlich an, wenn der Mechaniker später kommt / wenn sich der Termin
verschiebt? ◼ Wann kann ich Ihnen ... bringen?

1 Juliane Siebers:
  Waschmaschine kaputt:
  – Das Wasser wird nicht mehr warm.
  – Die Maschine heizt nicht.
  – Die Maschine wäscht nur noch mit
    kaltem Wasser.
  – Termin ...
  – Kosten ...

2 Manfred Engelsdorf:
  Fahrrad / Mountainbike:
  – Licht funktioniert nicht.
  – Bremsen gehen nicht.
  – Vorderreifen hat ein Loch.
  – Fahrradkette braucht Öl.
  – Termin ...
  – Kosten ...

*Guten Tag, hier spricht Juliane Siebers. Ich habe folgendes Problem:
Unsere Waschmaschine ... Wann könnten Sie kommen? ...*

4 **ⓐ** Telefongespräch mit der Autowerkstatt
29 Ordnen Sie die Gesprächsteile (a–f) zu. Hören Sie das Gespräch dann zum Vergleich.

● [a] ▪ Guten Tag, hier Udo Verhagen.
● [ ] ▪ Der TÜV ist wieder mal fällig.
● [ ] ▪ Das ist ja prima. Also, überprüfen Sie den Wagen bitte genau.
● [ ] ▪ Sie wissen schon, ich möchte nicht zu viel ausgeben, aber der Wagen soll wieder sicher fahren.
Sie rufen mich doch an, wenn es eine größere Reparatur wird?
● [ ] ▪ Ja klar. Wann kann ich den Wagen wieder abholen?
● [ ] ▪ Super. Vielen Dank. Dann bis morgen früh.

a Hier Autohaus Hansi Igel. Was kann ich für Sie tun?
b Aber sicher. Das war doch noch nie ein Problem. Wenn es was Schlimmeres ist, rufen wir Sie an.
Die Nummer stimmt doch noch, oder?
c Das ist kein Problem. Das können wir gleich morgen machen. Da sind die vom TÜV
am Nachmittag bei uns. Bringen Sie den Wagen doch gleich morgen früh zu uns.
d Das machen wir doch immer. Bremsen, Motor, alles wird überprüft. Das ist doch selbstverständlich.
e Hallo, Herr Verhagen. Was gibt es denn?
f So ab 17 Uhr. Eventuell ein paar Minuten später.

30 **ⓑ** Hören Sie das Gespräch in der Fahrradwerkstatt. Was ist kaputt? Was möchte die Kundin?
Schreiben Sie ihren Auftrag in Stichpunkten.

Kette gerissen ......

5 Beim Friseur ist es nicht besonders gut gelaufen. Was passt?
Notieren Sie die Buchstaben (a–i).

- -
a Aber Sie müssen mich doch anrufen, bevor Sie ... ▪ b Ich hätte nicht gedacht, dass ... ▪ c Ich hab mir
das ganz anders vorgestellt. ▪ d Das ist wirklich sehr ärgerlich. ▪ e Ich bin wirklich sehr enttäuscht. ▪
f Es ist wirklich zu dumm ... ▪ g Ich muss Ihnen leider sagen, dass ... ▪ h ... hat mich doch sehr enttäuscht. ▪
i Das müssen Sie mir doch sagen, bevor Sie ...
- -

1 [g] ich sehr enttäuscht bin und mir einen anderen Friseur suchen werde.

2 Schauen Sie sich meine Haare an. Das ist doch nicht dunkelblond, das ist fast schwarz. [ ][ ][ ].

3 Jetzt schauen Sie mal: Das sind doch keine Locken! Ich muss sagen, das [ ].
So wie hier, auf dem Bild. Und so hatten wir das doch auch besprochen.

4 [ ][ ], dass Sie meine Haarfarbe nicht da haben. Was machen wir jetzt?

5 ● Was, das kostet 100 Euro?
▪ Ja, diese Farbe ist viel teurer als die andere.
● [ ] anfangen.

6 Ah, Frau Meier. Es tut uns leid, wir haben Ihren Termin etwas verschoben. Wissen Sie, Susi ist krank,
da wird Sie Michi diesmal bedienen. Aber Sie müssen etwas mehr als eine Stunde warten.
[ ][ ] meinen Termin einfach verschieben. Das geht nicht, so viel Zeit habe ich nicht.

6 **ⓐ** Lesen Sie das folgende Online-Formular und die Situationsbeschreibung. Füllen Sie anschließend das Formular aus.

Ihr geplanter Reiseverlauf (gemäß Fahrkarte)

Startbahnhof [München HBF]

Zielbahnhof [   ]

Abfahrt [   ] : [   ] Uhr   Ankunft [   ] : [   ]

Ihr tatsächlicher Reiseverlauf: Abfahrt [   ] : [   ]

Angekommen bin ich am [   ] um [   ] : [   ] Uhr.

Zutreffendes bitte ankreuzen und entsprechenden Bahnhof eintragen

[ ] Ich habe den Anschlusszug im Bahnhof [   ] verpasst.

[ ] Der letzte Umstieg erfolgte im Bahnhof [   ] .

[ ] Ich habe die Reise wegen dieser Verspätung nicht angetreten.

[ ] Ich habe meine Reise wegen dieser Verspätung im Bahnhof abgebrochen und bin zurückgefahren.

Situationsbeschreibung:

Sie wollten mit dem Zug von München nach Hamburg fahren, weil Sie am 3. November von 15 bis 16 Uhr einen wichtigen Geschäftstermin hatten. Sie hatten folgenden Zug gebucht: Abfahrt München (HBF) 5:15 Uhr – Ankunft Hamburg (HBF) 10:54 Uhr; Direktzug, ohne Umsteigen.

Weil es Bauarbeiten auf der Strecke gab, gab es eine Fahrplanänderung. Ihr Zug fuhr erst verspätet ab, nämlich um 5:55 Uhr. Sie mussten zweimal umsteigen (in Nürnberg und in Frankfurt). Wegen der Verspätung haben Sie jeweils den Anschlusszug verpasst. Tatsächlich sind Sie erst um 16:30 Uhr angekommen.

Ihr Geschäftspartner konnte nicht auf Sie warten. Dadurch haben Sie einen wichtigen Auftrag nicht bekommen und viel Geld verloren.

ⓑ Das Online-Formular gefällt Ihnen nicht. Schicken Sie deshalb eine E-Mail.

– Beschreiben Sie genau, was Ihnen passiert ist.
– Schreiben Sie, dass Sie sehr enttäuscht sind.
– Schreiben Sie auch, dass man die Fahrgäste vorher über geplante Bauarbeiten informieren muss.

| An | Deutsche Bahn AG |
| Betreff | Zugverspätung wegen Bauarbeiten |

Sehr geehrte Damen und Herren,

…

Mit freundlichen Grüßen

…

7 **Die Waschmaschine ist kaputt.**

ⓐ **Lesen Sie den folgenden Text.**

Sie haben eine acht Jahre alte Waschmaschine. Sie ist kaputtgegangen: Sie heizt das Wasser nicht mehr auf, das heißt, sie wäscht alles kalt. Der Mechaniker hat gesagt, dass das eine Kleinigkeit ist und die Reparatur nur ein paar Euro kostet. Die Anfahrt kostet 70 Euro. Auf der Rechnung steht aber, dass die Reparatur 495 Euro kostet. Der Mechaniker hat einen neuen Motor und einen neuen Chip eingebaut. Beides war sehr teuer. Die Arbeitskosten betragen wirklich nur 65 Euro. Sie ärgern sich sehr, denn für das Geld hätten Sie sich eine gute neue Maschine kaufen können. Der Mechaniker meint, jetzt läuft die Maschine mindestens noch fünf Jahre.
Er schlägt vor, dass Sie die Anfahrt und die Arbeitszeit nicht bezahlen müssen.

ⓑ **Ergänzen Sie die folgenden Sätze mit den passenden Informationen.**

Kundin – Beschwerde:

so eine hohe Rechnung bezahlen ◼ einfach einen neuen Motor einbauen ◼
vorher nicht gesagt, dass … teuer ist

1 *Sie haben vorher nicht gesagt, dass die Reparatur so teuer ist*. So etwas kann man doch nicht machen.

2 Ich bin nicht bereit, ...

3 Na gut, das stimmt schon, aber ....

Mechaniker – Antwort auf die Beschwerde:

Ersatzteile bezahlen müssen ◼ nur die Arbeit wenig kosten ◼
Waschmaschine jetzt wieder ein paar Jahre funktionieren ◼ Sie uns angerufen haben

4 Da haben Sie mich missverstanden, ich meinte, dass ....

5 Tut mir (sehr) leid, aber ....

6 .... und Sie haben den Auftrag schriftlich bestätigt.

7 Sie müssen aber auch daran denken, dass ....

Vorschlag, um sich zu einigen:

Anfahrt und Arbeitszeit nicht bezahlen müssen ◼ Kosten teilen ◼ 30 Prozent Rabatt bekommen

8 Wir finden sicher eine Lösung. Zum Beispiel könnten wir ....

9 Wie wär's denn mit folgendem Vorschlag: ....

10 Weil das Ganze ein Missverständnis war, schlage ich vor, dass ....

8 Lesen Sie die Dialogteile (A, B = Kunde; 1, 2 = Mechaniker). Welche Antworten passen? Verbinden Sie die Sprechblasen. Vergleichen Sie dann mit dem Lösungsschlüssel.

A

Jetzt hören Sie mal zu: Ich bin nicht bereit, so viel Geld für die Reparatur von einer alten Maschine zu bezahlen. So etwas kann man doch nicht machen.

B

Ich habe nicht gedacht, dass diese Reparatur so teuer wird. Sie haben doch gesagt, dass das 125 Euro kosten würde.

1

Ja, die Arbeit. Aber die Ersatzteile müssen Sie doch auch bezahlen. Und die Anfahrt.

2

Das tut mir leid, aber Sie haben den Auftrag doch schriftlich bestätigt.

A

Für so viel Geld könnte ich mir doch eine neue Maschine kaufen.

B

Sie haben mir am Telefon aber nicht gesagt, dass ich die Ersatzteile extra bezahlen muss und dass sie so teuer sind.

1

Doch, bestimmt. Aber weil das Ganze ein Missverständnis war, schlage ich vor, dass Sie nur die Ersatzteile bezahlen. Die Anfahrt und die Arbeitszeit ziehe ich Ihnen von der Rechnung ab.

2

Also, so etwas ist mir ja noch nie passiert.

A

Das geht auf keinen Fall. Ich werde mich bei Ihrer Firma über Sie beschweren.

B

Na gut, so können wir das machen.

B Einkaufen in der virtuellen Welt

9 **a** Lesen Sie die Sprechblasen. Wo könnten Sie die Äußerungen hören? Ordnen Sie zu. Es gibt manchmal mehrere Lösungen.

a im Kaufhaus ▪ b auf dem Markt ▪ c am Kiosk ▪ d beim Bäcker ▪ e beim Metzger ▪
f in der Buchhandlung ▪ g in der Reinigung ▪ h im Supermarkt ▪ i im Tante-Emma-Laden ▪
j im Schmuck- und Uhrengeschäft ▪ k im Elektrogeschäft

1 a, b, d, e, h, i

Na, dann gib mir mal deine Einkaufsliste.

2 ....

Sind diese Kette und der Ring hier aus Weißgold oder aus Silber?

3 ....

Ich würde den Pullover gern umtauschen.

4 ....

Ich würde das gern anprobieren. Wo ist hier die Umkleidekabine?

5 ....

Bitte nicht anfassen, hier ist keine Selbstbedienung. Wie viel Tomaten sollen es denn sein?

6 ....

Sie haben da so schöne Schuhe im Schaufenster. Ich meine das Paar dahinten links.

7 ....

So, hier ist Ihr neuer Staubsauger, die Gebrauchsanweisung und die Garantie sind in der Verpackung.

8 ....

So, jetzt bin aber ich an der Reihe. Ich hätte gern ein paar Wiener Würstchen.

9 ....

Also, dann hätten wir ein Roggenbrot und ein Weißbrot. Soll ich es Ihnen einpacken?

10 ....

Also ein Hemd und eine Hose. Morgen Abend sind sie fertig. Unsere Öffnungszeiten sind von 8 bis 20 Uhr.

11 ....

Ich würde gern ein Hörbuch als Geschenk kaufen. Aber ich möchte nicht mehr als zehn Euro ausgeben. Können Sie mir da etwas empfehlen?

12 ....

Können Sie mir sagen, was das hier kostet? Da ist kein Preis-schild dran.

13 ....

Zahlen Sie das bitte auch an der Kasse.

14 ....

Lebensmittel sind hier wirklich preiswert, und Fleisch ist hier besonders günstig. Trotzdem muss man immer die Preise vergleichen.

15 ....

Ich hätte gern ein Päckchen Kaugummi und eine Schachtel Streichhölzer.

5

b Ergänzen Sie das passende Verb in der richtigen Form.

stornieren ■ kaufen ■ bestätigen ■ einkaufen ■ verkaufen ■ bestellen ■ liefern ■ zurückschicken

1 Sag mal, du hast seit Jahren nicht mehr gespielt. Sollen wir das Klavier nicht einfach

  verkaufen .... ? Dann hätten wir auch wieder mehr Platz im Wohnzimmer.

2 Du könntest auch mal .... Immer muss ich nach der Arbeit in die Geschäfte

  rennen, dabei würde ich auch mal gern mit den Kolleginnen gemütlich irgendwo Kaffee trinken.

3 Und, wann können Sie die Waschmaschine .... ?

4 .... das Kleid doch. Ein schöneres finden wir heute bestimmt nicht.

  Und es steht dir super. Ehrlich.

5 So, jetzt noch die Bestellung .... , dann kann ich sie abschicken.

  Siehst du, und hier kommt schon die automatische Antwort, dass die Bestellung angekommen ist.

6 Du, irgendwie gefällt mir dieser MP3-Player doch nicht. Meinst du, ich kann die Bestellung

  .... ?

7 Warum kaufst du das im Laden? Das kannst du doch auch im Internet ....

8 Wenn Ihnen unsere Ware nicht gefällt, dann .... Sie sie uns einfach wieder

  ....

10 **ⓐ** Lesen Sie die folgenden Sätze. Markieren Sie die Relativpronomen und unterstreichen Sie den Relativsatz. Worauf bezieht er sich? Markieren Sie das Wort / den Ausdruck wie im Beispiel.

1 Endlich habe ich den grünen Mantel gefunden, den ich mir schon immer gewünscht hatte.

2 Zeig mir doch endlich das Kleid, das du dir gestern gekauft hast.

3 Du, ich weiß nicht, das Hochzeitskleid, das sich Vera ausgesucht hat, gefällt mir überhaupt nicht.

4 Es gibt ja Dinge, die man sich eigentlich gar nicht vorstellen kann.

5 Da steht der Typ, dem ich nie wieder auch nur ein Wort glaube. Und der will Politiker werden. Das passt.

ⓑ Ein Relativpronomen kann auch mit einer Präposition stehen. Markieren und unterstreichen Sie wie in a.

1 Wo ist denn jetzt diese Straße, in der ich das tolle Schuhgeschäft gesehen habe?

2 Ob das wohl das Schließfach[1] ist, in dem der Dieb das Geld versteckt hat?

3 Kannst du mir sagen, wo hier ein Baum sein soll, auf dem ein Baumhaus[2] Platz hat?

4 Du, wir sind hier falsch. Das ist ganz sicher nicht der Tunnel, durch den wir fahren sollten. [2]

5 Hier siehst du den einzigen Menschen auf der Welt, auf den du dich hundertprozentig verlassen kannst.

6 Oje, da sitzt die Person, mit der ich nie wieder ein Wort sprechen wollte. Was mache ich jetzt?

ⓒ Schreiben Sie die Sätze 2–4 aus a und aus b in eine Tabelle wie im Beispiel.

Satz 1	Relativpronomen / Präposition + Relativpronomen	weitere Satzteile	Verb
Endlich habe ich den grünen Mantel gefunden,	den	ich mir schon immer	gewünscht hatte.
Wo ist denn jetzt diese Straße,	in der	ich das tolle Schuhgeschäft	gesehen habe?

ⓓ Was passt? Ordnen Sie die Relativsätze a–f zu.

1 Immer wieder denke ich an unsere Nachbarn und Freunde, d .

2 Wie geht es wohl meinem Kollegen, ☐ ?

3 Siehst du den Mann, ☐ ? Der wohnt seit letzter Woche bei uns im Haus.

4 Vor einigen Tagen sind in unserem Büro, ☐ , alle Computer gestohlen worden.

5 Ob es das Geschäft noch gibt, ☐ .

6 Das ist die Schule, ☐ . Aber gern bin ich da nicht hingegangen.

a das wirklich nicht sehr modern eingerichtet war

b der da hinten an der Kasse steht

c der nach Australien gezogen ist und sich dort einen großen Bauernhof gekauft hat

d die vor ein paar Monaten weggezogen sind

e in dem ich das Sofa gekauft habe

f in die ich neun Jahre gegangen bin

11 Relativpronomen *wo* zur Angabe von Orten
Lesen Sie die folgenden Sätze. Beide markierten Relativpronomen sind möglich.

1 Das ist der Bäcker, bei dem / wo ich gern meine Brötchen kaufe.
2 Siehst du die paar Spaziergänger an dem Strand, an dem / wo wir im Sommer immer baden?
3 Und jetzt, meine Damen und Herren, sehen Sie das Stadion, in dem / wo das Endspiel der
   Fußballweltmeisterschaft stattfinden wird.

12 Lesen Sie die Sätze und ergänzen Sie das richtige Relativpronomen.

a Was sagen die Kunden in diesem neuen Luxuskaufhaus?

1 Komm, ich zeig dir schnell noch die Schuhe, ...*die*............ sich meine Chefin letzte Woche gekauft hat.
2 Komm, hier siehst du all die schönen Dinge, ... sich ein normaler Mensch nicht leisten kann.
3 Du, ich glaub, hier kaufen echt nur Leute ein, ... im Lotto gewonnen haben.
4 Ich hoffe, du spürst es: Wir sind jetzt in dem Kaufhaus, ... von dem berühmtesten
   Architekten der Welt geplant worden ist.
5 Dieses Parfum hier war das einzige Angebot, ... ich bar bezahlen konnte. Alles andere
   musste ich mit Karte zahlen.

b Präposition + Relativpronomen. Was passt? Ergänzen Sie.

bei dem (2x) ■ mit dem (2x) ■ in dem

1 Da ist der Wagen, ... wir so viele Probleme haben.
2 Also wenn Lisi wieder mit dem kleinen Roten fahren will, ... die Bremsen nicht
   funktionieren, dann fahre ich nicht mit ihr zum Betriebsfest.
3 Hören Sie mal, Sie wollen mir wirklich ein Auto verkaufen, ... das Licht nicht geht?
4 Ich bin dafür, dass wir das kleine Auto kaufen, ... wir zwar wenig Platz haben,
   das aber auch wenig Benzin verbraucht.
5 Da ist der Aufzug, ... wir bis zur Dachterrasse fahren können.

SÄTZE BAUEN: argumentieren/ die Meinung sagen und begründen ········▶ zu Kursbuch Seite 54

WIEDERHOLUNG

13 Ihre Meinung zum Online-Shopping
Lesen Sie die Argumente im Kursbuch auf Seite 95 und
formulieren Sie „Ihre Meinung" mit Begründungen.

Ich bin der Meinung, dass …, weil … ■ Ich finde Online-Shopping / shoppen gehen / einkaufen gehen / das
Einkaufen in echten Geschäften besser, weil … ■ Ich kaufe … lieber im Internet / im Kaufhaus / in …, weil …

Ich bin der Meinung, dass Online-Shopping nicht so gut ist,
weil man die Sachen nicht anprobieren oder ausprobieren kann. Ich kaufe …

WORTSCHATZ: öffentliches Leben ·······→ zu Kursbuch Seite 56

14 Lesen Sie die Situationsbeschreibungen und die Texte dazu. Markieren Sie dabei die Informationen in den Texten, die für die Situation wichtig sind, wie im Beispiel A.

Situation A :
Sie möchten wissen, wo Sie erfahren können, wann Sie in die Bibliothek gehen können.

Die Öffnungszeiten der Bibliothek finden Sie auf den Internetseiten des Instituts.

Situation B :
Sie sind Beamter. Irgendjemand hat Ihnen erzählt, dass sich irgendetwas mit der Bezahlung Ihres Gehalts geändert hat.

Informieren Sie sich jetzt über die Bezahlung von Beamten. Die neuen Regeln sind seit Anfang des Jahres gültig. Genaue Auskünfte erhalten Sie in der Personalabteilung.

Situation C :
Sie planen ein großes Hochzeitsfest mit Feuerwerk. Sie möchten wissen, welche Vorschriften es da gibt.

Grundsätzlich gilt: Wenn Sie während des Jahres ein Feuerwerk machen möchten, brauchen Sie eine Genehmigung. Rufen Sie deshalb in Ihrem Rathaus an und fragen Sie, ob es solche Ausnahmegenehmigungen gibt. Wenn ja, dann müssen Sie einen Antrag stellen. In dem Antrag müssen Sie genau angeben, was Sie planen, wo und wann das Feuerwerk stattfinden soll und welche Firma das Feuerwerk liefert.

VERTIEFUNG

15 Lesen Sie die Situationsbeschreibungen und die Texte dazu. Markieren Sie dabei die Informationen in den Texten, die für die Situation wichtig sind, wie im Beispiel 14 A.

Situation A :
Sie möchten wissen, was Sie tun müssen, wenn Sie finanzielle Unterstützung beim Studium brauchen.

Um BAföG (Studienförderung) zu bekommen, müssen Sie einen Antrag stellen. Die Formulare finden Sie im Internet. Die Antragsformulare können Sie ausdrucken oder online ausfüllen. Sie dürfen aber die Fristen nicht versäumen. Lassen Sie bitte alle Ihre Dokumente wenn nötig übersetzen und bestätigen. Dazu gehört auch ein Stempel der Behörde. Das gilt auch für Ihren Reisepass, Ihren Personalausweis sowie andere Papiere und Dokumente.

Situation B :
Sie möchten im nächsten Jahr eine Weltreise machen.
Auf der Internetseite des Reiseveranstalters finden Sie Informationen dazu.
Welche Hinweise sind für Sie wichtig?

Gesundheits-, Zoll- und Einreisebestimmungen
Bitte informieren Sie sich genau über die Vorschriften, die für das Land gelten, in das Sie reisen möchten. Brauchen Sie ein Visum? Gibt es Dinge, die Sie nicht mitnehmen sollten, weil Sie sonst Zoll bezahlen müssen oder Ihnen die Dinge abgenommen werden? Für das Einführen und Ausführen von Waren gelten in vielen Länder unterschiedliche Vorschriften. Manches sollten Sie im Ausland nicht kaufen, weil sie es dann zu Hause möglicherweise verzollen müssen. Informieren Sie sich rechtzeitig. Vielleicht brauchen Sie auch bestimmte Impfungen.

16 Aufforderungen – verschiedene Möglichkeiten

a Wie können Sie Aufforderungen formulieren? Hören Sie und ordnen Sie zu.

1 Fahren Sie bitte los.   d̶   a mit Hauptsatz
2 Wir gehen jetzt einkaufen.   ☐   b mit Konjunktiv II (oft auch als Frage)
3 Sie könnten uns dann noch einen Kaffee machen. / ☐   c mit kurzen Wörtern / mit Infinitiv
   Könnten Sie uns dann noch einen Kaffee machen?   d mit Imperativ
4 Links rück, zur Seite, schließen.   ☐

b Welche Aufforderung passt zu welchem Foto? Ordnen Sie zu.

- -
a Betreten der Baustelle verboten! ■ b Polizei. Bitte folgen. ■ c Auf die Plätze! Fertig! Los!
- -

 ☐    ☐    ☐

c Aufforderung mit ganzen Sätzen
So sprechen Erzieher und Eltern oft mit Kindern. Formulieren Sie Sätze wie im Beispiel.

1 *Wir bauen jetzt einen Turm.*..................... (einen Turm bauen)

2 .... (Spielecke aufräumen / Spielzeug aufräumen)

3 .... (zuerst die Schuhe anziehen)

d Was sagt der Chef? Formulieren Sie freundliche Aufforderungen aus dem Büroalltag.
Verwenden Sie den Konjunktiv II (Frage) und *bitte*.

- -
Kaffee machen ● Verträge kopieren ● Besprechung vorbereiten ● etwas aus der Kantine mitbringen ●
E-Mail mit der Adressänderung an die Kunden schreiben
- -

Frau Meier, könnten Sie uns bitte einen Kaffee machen?
Würden Sie uns bitte die Verträge kopieren?

17 Was bedeuten die Sätze 1–3?
Lesen und hören Sie. Kreuzen Sie an. Vergleichen Sie mit dem Lösungsschlüssel.

1 Die funktioniert einfach nicht.
   a ☐ Die (Kaffeemaschine) funktioniert manchmal und manchmal nicht.
   b ☐ Die (Kaffeemaschine) funktioniert nicht, ich habe schon alles versucht.

2 Ich verstehe das einfach nicht.
   a ☐ Ich verstehe das heute nicht.   b ☐ Ich verstehe das nie.

3 Unser Nachbar grüßt uns einfach nicht.
   a ☐ Er hat uns einmal nicht gegrüßt.   b ☐ Er grüßt nie.

18 Verbinden Sie das Gespräch. Hören Sie dann das Gespräch und vergleichen Sie.

● Guten Tag, ich bin Mario Müller. Ich wohne in der Arnulfstraße 14. ⟶ ◆ Was kann ich für Sie tun?

● **A** Es ist so, dass wir, die Anwohner, beschlossen haben, dieses Jahr ein Straßenfest zu machen. Und ich habe gehört, dass wir da eine Genehmigung brauchen.

● **B** Ach, es ist ganz einfach, Sie sollen uns unser Straßenfest genehmigen. Am besten jetzt, dann muss ich nicht noch einmal zurückkommen.

◆ **A** Ja genau. Da brauchen Sie eine Genehmigung. Das stimmt. Wann soll denn das Straßenfest stattfinden?

◆ **B** Tut mir leid, so einfach geht das nicht. Haben Sie überhaupt einen Termin vereinbart? Dann machen Sie das bitte zuerst und kommen Sie dann wieder. Außerdem hatten wir dieses Jahr schon so viele Straßenfeste, ich glaube, ich habe keine Lust, noch eins zu genehmigen.

● **A** Irgendwann, das ist doch egal. Also ganz sicher an einem Samstag, wenn es nicht regnet.

● **B** Wir dachten an den 15. Juli, also in sechs Wochen. Und wenn es regnet, eine Woche später.

◆ **A** Und was ist Ihr Programm? Was haben Sie vor?

◆ **B** Ach, also ein Straßenfest im Juli. Also, das geht ja gar nicht. Da habe ich Urlaub.

● **A** Also, das ist so. Es gibt doch so viele Rock-Bands in der Stadt. Und die haben nicht genug Möglichkeiten zu spielen. Und da dachten wir, die laden wir alle ein und dann machen wir die ganze Nacht Rockmusik. Also ein echtes Rockfestival.

● **B** Wir wollen da selbst gemachtes Essen verkaufen, Kaffee und Kuchen anbieten und ein wenig Musik machen. Die macht eine kleine Jazzband, die wohnen im Haus Nummer 31.

◆ **A** Hinaus. Ich lasse mir doch nicht meine Zeit mit so einem Unsinn stehlen, ich habe wirklich wichtigere Dinge zu tun.

◆ **B** Aber Sie wissen sicher, dass Sie nur bis 22 Uhr musizieren dürfen. Und auch keine alkoholischen Getränke. Sonst brauchen Sie noch eine Genehmigung.

● **A** Das ist klar. Das wissen wir. Bekommen wir die Genehmigung?

● **B** Dann können wir das ja vergessen. Dann brauchen wir Ihre Genehmigung nicht.

◆ Aber sicher doch. Sie müssen mir hier dieses Formular ausfüllen. Dann überweisen Sie noch die Straßenmiete auf das unten angegebene Konto. Sie bekommen dann in etwa einer Woche die Genehmigung. Dann müssen Sie noch die Straße mit Straßenschildern sichern. Aber das ist kein Problem, da sagt Ihnen die Polizei, was Sie machen müssen. Und vergessen Sie nicht, das Formular zu unterschreiben.

D   Wir brauchen Sie!

WORTSCHATZ: Beruf ┄┄┄▶ zu Kursbuch Seite 58

19 **Ihr Beruf**

ⓐ Ergänzen Sie die Liste mit Ihren persönlichen Angaben.

Ausbildung	....	Berufserfahrungen	....
Praktikum	....	arbeiten als	....
Beruf	....	arbeiten bei	....
Arbeitsplatz	....	studieren an	....

ⓑ Welche Verben passen? Kreuzen Sie an.

		bestehen	bewerben	finden	haben	machen	sein	suchen	vorstellen
1	Erfahrungen	☐	☐	☐	☒	☒	☐	☐	☐
2	arbeitslos	☐	☐	☐	☐	☐	☐	☐	☐
3	von Beruf Mechaniker	☐	☐	☐	☐	☐	☐	☐	☐
4	Mechaniker	☐	☐	☐	☐	☐	☐	☐	☐
5	selbstständig	☐	☐	☐	☐	☐	☐	☐	☐
6	eine Ausbildung als ...	☐	☐	☐	☐	☐	☐	☐	☐
7	eine Stelle	☐	☐	☐	☐	☐	☐	☐	☐
8	eine Prüfung	☐	☐	☐	☐	☐	☐	☐	☐
9	den Auftrag	☐	☐	☐	☐	☐	☐	☐	☐
10	(keine) Arbeit	☐	☐	☐	☐	☐	☐	☐	☐
11	sich bei einer Firma	☐	☐	☐	☐	☐	☐	☐	☐
12	sich um eine Stelle	☐	☐	☐	☐	☐	☐	☐	☐

ⓒ Welche Tätigkeiten passen zu Ihrem „Beruf"?
Notieren Sie passende Verben. Sie können mit dem Wörterbuch arbeiten.

reparieren ■ verkaufen ■ malen ■ lernen ■ ...

SÄTZE BAUEN: sich bewerben ┄┄┄▶ zu Kursbuch Seite 58

ERTIEFUNG

20 Lesen Sie zuerst die Anzeige. Sie haben beschlossen, sich telefonisch zu bewerben.
Lesen Sie dann die folgenden Sätze und ergänzen Sie sie mit Ihren persönlichen Angaben.

> **Au-Pair gesucht**
> Wir suchen zum 1. Oktober ein Au-Pair. Wir haben vier Kinder und brauchen dringend Unterstützung. Wir wohnen in Cottbus in einem schönen Haus nicht weit von der polnischen Grenze. Es wäre schön, wenn Sie Freude an Gartenarbeit hätten. Deutschkurse kann man in Cottbus besuchen. Haben Sie Interesse? Dann rufen Sie uns, Familie Meier, an. 0355...

Guten Tag, mein Name ist ... ■ Ich habe Ihre Anzeige gelesen. Sie suchen ... ■ Ich komme aus ... ■ Ich interessiere mich sehr für die Stelle, weil ... (*schon als ... mit Kindern gearbeitet / selbst Geschwister / ...*) ■ Ich habe ... (*Beschreiben Sie hier, was Sie gemacht haben / was Sie sind / welche Schule Sie besucht haben / was Sie gerade tun*) ■ Ich habe leider keine Erfahrung mit Gartenarbeit, aber ... (*gern ausprobieren / gern kennenlernen / vielleicht etwas anderes machen*) / Ich habe auch zu Hause viel im Garten gearbeitet. ■ Ich würde mich gern persönlich bei Ihnen vorstellen. Wann ...

VERTIEFUNG

21 Formulieren Sie Ihre Bewerbung nun als E-Mail.
Ergänzen Sie die Sätze mit Ihren persönlichen Angaben.
Beachten Sie den Aufbau des Bewerbungsschreibens.

A : Bezug zu einer Anzeige

B : Angaben zur Person, zu beruflichen Erfahrungen usw.

C : Schluss: Bitte um einen Vorstellungstermin

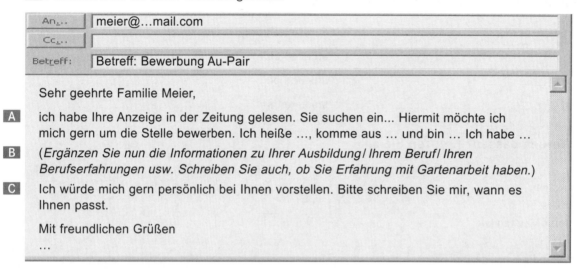

An...	meier@...mail.com
Cc...	
Betreff:	Betreff: Bewerbung Au-Pair

Sehr geehrte Familie Meier,

A ich habe Ihre Anzeige in der Zeitung gelesen. Sie suchen ein... Hiermit möchte ich mich gern um die Stelle bewerben. Ich heiße ..., komme aus ... und bin ... Ich habe ...

B *(Ergänzen Sie nun die Informationen zu Ihrer Ausbildung/ Ihrem Beruf/ Ihren Berufserfahrungen usw. Schreiben Sie auch, ob Sie Erfahrung mit Gartenarbeit haben.)*

C Ich würde mich gern persönlich bei Ihnen vorstellen. Bitte schreiben Sie mir, wann es Ihnen passt.

Mit freundlichen Grüßen

...

E Tut mir leid, ehrlich!

22 Mit *doch* kann man eine Aussage betonen. Hören Sie die Sätze und sprechen Sie nach.

🔘 34 **ⓐ** In diesen Beispielen verstärkt *doch* den Wunsch, den anderen zu beruhigen.

1 Das macht doch nichts.
2 Das ist doch nicht schlimm.
3 Das kann doch jedem mal passieren.
4 Das kann man doch wieder reparieren.
5 Wir können doch ein neues Fahrrad kaufen.
6 Aber das spielt doch keine Rolle.

🔘 35 **ⓑ** In diesen Beispielen verstärkt *doch* die Wut.

VERTIEFUNG

1 Das ist doch frech!
2 Das ist doch eine Unverschämtheit!
3 Das können Sie doch nicht machen!

🔘 36 **ⓒ** In diesen Beispielen verstärkt *doch* eine allgemeine Aussage.

VERTIEFUNG

1 Das weiß doch jeder.
2 Das stand doch in der Zeitung.
3 Das ist doch klar.
4 Das machen wir doch gerade.

23 Lesen Sie die unangenehmen Nachrichten und die Antworten darauf.
Welche Antworten sind nett? Kreuzen Sie an.

1 Es tut mir leid, ich habe deinen schönen, teuren Regenschirm verloren.

   a ☒ Das ist doch nicht so schlimm. Vielleicht finden wir ihn ja noch.

   b ☐ Das ist ja furchtbar. Dann kannst du mir gleich einen neuen kaufen.

   c ☒ Beruhige dich, das kann doch jedem mal passieren.

   d ☐ Der kostet ziemlich viel Geld.

2 Mir ist leider dein schönes Kunstbuch in die Badewanne gefallen.

   a ☐ Du machst wirklich alles kaputt.

   b ☐ Das trocknet doch wieder.

   c ☐ Du kaufst mir bitte sofort ein neues.

   d ☐ Dann kannst du es auch behalten. So will ich es nicht mehr zurück.

3 Tut mir leid, deine Waschmaschine ist kaputtgegangen und die ganze Wohnung steht unter Wasser.

   a ☐ Reg dich nicht auf. Wir werden sehen, was wir da machen.

   b ☐ Das ist ja furchtbar. Konntest du nicht besser aufpassen? Wer soll das jetzt bezahlen?

   c ☐ Beruhige dich, das kann doch jedem mal passieren.

   d ☐ Du rufst jetzt sofort die Versicherung und den Handwerker an. Das ist ja furchtbar.

   e ☐ Du machst wirklich immer etwas kaputt. Das ist ja furchtbar.

4 Hallo, habe deine Kaffeemaschine ohne Wasser angemacht. Nun ist sie kaputt. Tut mir leid.

   a ☐ Warum hast du nicht besser aufgepasst?

   b ☐ Egal. Von mir aus kannst du sie entsorgen.

   c ☐ Oje, meine schöne Kaffeemaschine. Du machst wirklich alles kaputt.

   d ☐ Das macht doch nichts. Übrigens wollte ich mir sowieso schon lange eine neue kaufen.

24 ❶ Lesen Sie das folgende Gespräch.
Bringen Sie die Sätze in die richtige Reihenfolge.
Hören Sie das Gespräch und vergleichen Sie mit Ihrer Lösung.

1 ☐ ● Aber die schöne Uhr. Was soll ich jetzt machen? Ich könnte sie dir ja abkaufen, was meinst du?

2 ☐ ● Aber ich zahle auch einen Teil des Preises.

3 ☐ ■ Abgemacht. Siehst du, es ist doch alles nicht so schlimm.

4 ☒ ● Du, Maria, stell dir vor, was mir passiert ist. Du hast mir doch gestern deine schöne Uhr geliehen.

5 ☐ ● Gut, und wenn man sie reparieren kann, dann zahle ich die Reparatur.

6 ☐ ■ Oje. Schade. Aber jetzt beruhige dich, das kann doch jedem mal passieren.

7 ☐ ● Sie ist mir vom Arm gefallen. Und bevor ich sie aufheben konnte, ist jemand draufgetreten. Sie ist ziemlich kaputt.

8 ☐ ■ Und wenn man sie nicht reparieren kann, dann kaufe ich mir eine neue.

9 ☒ ■ Und?

10 ☐ ■ Was, die kaputte Uhr? Nein, aber vielleicht kann man sie noch reparieren? Ich bringe sie gleich morgen in das Geschäft, wo ich sie gekauft habe.

ⓑ Lesen Sie die folgenden SMS-Mitteilungen.
Antworten Sie auf eine davon mit einer SMS oder mit einer etwas längeren E-Mail.
Vergleichen Sie mit dem Lösungsschlüssel.

1 Bin gegen einen Baum gefahren. Dein Auto hat Totalschaden.
2 Tut mir leid, ich habe deine teure Perlenkette gestern auf der Party verloren.
3 Hallo, ich habe vergessen, deine Terrassentüre zuzumachen. Und du kommst doch erst in
   zwei Wochen zurück, oder? Ich bin im Flugzeug und fliege gerade in den Süden.

Lieber Martin,
das ist ja furchtbar. Ich hoffe, Dir ist nichts passiert. ...

Darüber hinaus

PHONETIK

25 **ⓐ** Markieren Sie in jedem Wort das *r*.
Hören Sie zu und achten Sie darauf, wie es klingt. Sprechen Sie dann nach.

1 fahren	5 warten	9 Motorrad	13 Parkhaus	17 groß
2 starten	6 parken	10 Gurt	14 Reparatur	18 größer
3 überholen	7 Straßenbahn	11 Fußgänger	15 Werkstatt	19 größere
4 dürfen	8 Fahrrad	12 Parkplatz	16 grün	

ⓑ Werden Partikeln betont oder nicht? Hören Sie die Beispielsätze in
Track 27, 32 und 34–36 noch einmal. Kreuzen Sie an und sprechen Sie nach.

Partikeln werden
1 ganz besonders betont. ⬚   2 nicht besonders betont. ⬚

ÜBUNG ZU PRÜFUNGEN

26 Lesen Sie die Statistik.
Berichten Sie kurz, welche Informationen Sie bekommen haben.
Sagen Sie dann auch, ob und warum Sie Fahrradfahren in der Stadt gefährlich finden.

Fahrradfahrer machen immer mehr
Unfälle im Straßenverkehr. Aber es sind
nicht nur die Kinder, die etwas falsch
machen, sondern auch die Erwachsenen
und die älteren Radfahrer.

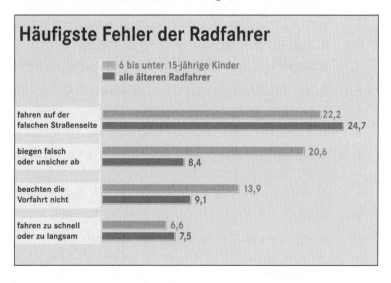

Häufigste Fehler der Radfahrer

■ 6 bis unter 15-jährige Kinder
■ alle älteren Radfahrer

fahren auf der falschen Straßenseite: 22,2 / 24,7
biegen falsch oder unsicher ab: 20,6 / 8,4
beachten die Vorfahrt nicht: 13,9 / 9,1
fahren zu schnell oder zu langsam: 6,6 / 7,5

A Post aus dem Urlaub

WORTSCHATZ: Natur ······▶ zu Kursbuch Seite 62

1 Landschaft

a Welche Landschaften mögen Sie persönlich? Kreuzen Sie an.

Berge und Gebirge ⬜ ■ Seen und Inseln ⬜ ■ Parks ⬜ ■ Meer und Strand ⬜ ■
Täler, Flüsse und Bäche ⬜ ■ Wiesen und Felder ⬜ ■ Wälder ⬜ ■ flache Gegenden ⬜ ■ steile Berge ⬜

b Welche Verben passen? Kreuzen Sie an.

	fahren	schwimmen	spazieren gehen	steigen	wandern
1 auf einen Berg	⬜	⬜	⬜	⬜	⬜
2 in den Bergen	⬜	⬜	⬜	⬜	⬜
3 in einem See	⬜	⬜	⬜	⬜	⬜
4 übers Meer	⬜	⬜	⬜	⬜	⬜
5 im Park	⬜	⬜	⬜	⬜	⬜
6 im Wald	⬜	⬜	⬜	⬜	⬜
7 am Ufer eines Flusses	⬜	⬜	⬜	⬜	⬜

c *Stadt*, *Land* oder *Staat*? Ergänzen Sie.

Deutschland ■ auf dem Land ■ Bundesland (2x) ■ Land ■ Staaten ■ Stadt

1 Ich bin kein Stadtmensch, ich lebe lieber auf dem Land .

2 Thüringen ist ein ....

3 Aus welchem .... kommen Sie?

4 .... liegt in Mitteleuropa.

5 Bremen ist eine .... und ein ....

6 Aus wie vielen .... besteht die Europäische Union?

2 Pflanzen und Tierwelt

a Ordnen Sie die Wörter der Zeichnung zu.

ERTIEFUNG

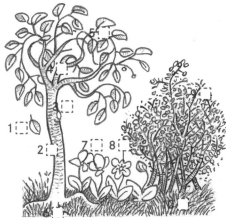

a Ast ■ b Baum ■ c Baumstamm ■ d Blatt ■
e Blume ■ f Blüte ■ g Busch, Strauch ■
h Gras ■ i Wurzel ■ j Zweig

b Ergänzen Sie das passende Verb. Achten Sie auf die richtige Form.

wachsen ■ gießen ■ pflücken ■ blühen

1 Unser Apfelbaum ..blüht.............................. dieses Frühjahr besonders schön.

2 Kannst *du* heute mal die Blumen ....?

3 Die Kinder sind auf der Wiese – Blumen ....

4 Ich habe ein Problem mit unserem Rasen: Er ist ganz gelb und .... nicht mehr.

c Welche Tiere mögen Sie? Kreuzen Sie an.

Fische ☐ ■ Fliegen ☐ ■ Hühner ☐ ■ Hunde ☐ ■ Insekten ☐ ■ Katzen ☐ ■
Kühe / Rinder ☐ ■ Mücken ☐ ■ Pferde ☐ ■ Schafe ☐ ■ Schweine ☐ ■ Vögel ☐ ■ Ziegen ☐

d Welche Tiere aus c können …? Notieren Sie.

1 fliegen ....

2 stechen ....

3 beißen (z. B. aus Angst) ....

4 schwimmen ....

e Welche Produkte von welchen Tieren? Notieren Sie Tiere aus c.

1 Milch (Butter / Quark / Sahne) ....

2 Eier ....

3 Fleisch ....

4 Leder ....

3 Wetter

a Was bedeuten die Symbole? Ordnen Sie zu.

a Schnee / Es schneit. ■ b Hitze / Es ist heiß. ■ c Sonne / Die Sonne scheint. ■ d Regen / Es regnet. /
Es ist bewölkt. ■ e Gewitter/Sturm/Blitz/Wind/Donner/Wolken ■ f Nebel / Es ist neblig. ■ g Frost / Es ist kalt.

A ☐

C ☐

E ☐

G ☐

B ☐

D ☐

F ☐

ⓑ Welche Wörter passen zu den Bildern? Ordnen Sie zu.

a Eis ◾ b feucht ◾ c frisch ◾ d gefrieren ◾ e glatt ◾ f Glatteis ◾ g heiter ◾ h heiß ◾ i kalt ◾ j kühl ◾
k mild ◾ l nass ◾ m Niederschläge ◾ n Schauer ◾ o sonnig ◾ p trocken ◾ q Wind ◾ r warm

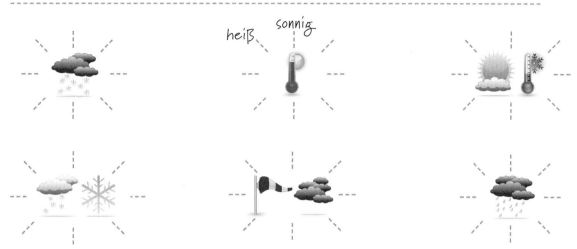

heiß   sonnig

ⓒ Beschreiben Sie kurz Ihr Lieblingswetter (mündlich oder schriftlich).

ⓓ Ergänzen Sie das passende Verb in der richtigen Form.

fallen / sinken ◾ bleiben ◾ steigen ◾ werden

1 Heute ist es warm – morgen wird es auch warm: Es ...*bleibt*............... warm.

2 Heute ist es kalt – morgen ist es warm: Es .... warm. Die Temperaturen ....

3 Heute ist es warm – morgen ist es kalt: Die Temperaturen ....

GRAMMATIK: Ortsangaben mit Präpositionen und Adverbien ┈┈┈▶ zu Kursbuch Seite 62

4 Ortsangaben mit Präpositionen

ⓐ Wo und wohin? Schreiben Sie die Buchstaben in die Zeichnungen.

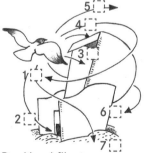

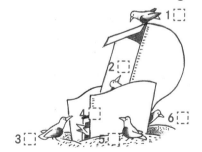

Der Vogel fliegt ...

a in den Strandkorb
b um den Standkorb
c über den Strandkorb
d neben den Strandkorb
e auf den Strandkorb
f hinter den Strandkorb
g unter den Strandkorb

Der Vogel landet ...

a im Strandkorb
b neben dem Strandkorb
c auf dem Strandkorb
d hinter dem Strandkorb
e vor dem Strandkorb
f unter dem Strandkorb

b Ergänzen Sie die passenden Präpositionen.

am (2x) ▪ an den ▪ ans ▪ auf dem ▪ auf den ▪ auf eine ▪ auf einer ▪ bei ▪ im ▪ in der ▪ in die ▪ ins ▪ zu

1 fahren

ans............. Meer, ... Autokino, ... Schule, ... Strand, ... Marktplatz,

.... Freunden, ... Insel

2 sein

.... Meer, ... Autokino, ... Schule, ... Strand, ... Marktplatz,

.... Freunden, ... Insel

c Kreuzen Sie die richtige Präposition an.

1 *an* und *neben*

  a Dresden liegt neben der ☐ an der ☐ Elbe.

  b Ich sitze neben dem ☐ am ☐ Schreibtisch und arbeite ein bisschen.

  c Das Hotel „Zur Post" liegt neben der ☐ an der ☐ Hauptstraße.

  d Luzern liegt neben dem ☐ am ☐ Vierwaldstätter See.

2 *auf* und *an*

  a Hängst du das Bild bitte auf die ☐ an die ☐ Wand?

  b Was steht denn da auf der ☐ an der ☐ Tafel?

  c Der Marienbrunnen steht mitten auf dem ☐ am ☐ Marktplatz.

3 *in* und *an*

  a Unser Haus ist in der ☐ an der ☐ Hauptstraße.

  b Unser Haus liegt in einer ☐ an einer ☐ Landstraße.

d Ergänzen Sie die passenden Präpositionen.

1 *aus* oder *von/vom*

  a Du bist in Glasgow geboren. Dann kommst du .... Schottland.

  b Warte, ich rufe gleich zurück. Ich komme gerade .... Sport.

  c Woher kommst du denn jetzt? – .... meiner Freundin.

  d Der Film ist aus, die Leute kommen gerade .... dem Kino.

2 *durch, über, zwischen*

  a Es gibt keine direkten Flüge mehr nach Sao Paulo. Sie müssen leider .... Frankfurt fliegen.

  b Nach London kommen Sie am schnellsten mit dem Zug .... den Eurotunnel.

  c Bockelwitz liegt .... Dresden und Leipzig.

  d Der ICE von Hamburg nach München fährt .... Hannover, Göttingen, Kassel, Fulda,
     Würzburg und Nürnberg.

  e Sie können die Fähre .... den Rhein nehmen.

  f Wenn es dunkel wird, laufe ich nicht gern .... den Wald.

3 *in* und *nach*

  a Wann fahren Sie wieder .... die Schweiz?

  b Ich fahre oft .... Österreich.

  c Dieser Zug fährt nicht .... Graz.

  d Komm, wir gehen jetzt .... Hause.

86   Gefällt mir | LEKTION ❻

5 Ortsangaben mit Adverbien

ⓐ Orden Sie die Adverbien zu.

a oben ■ b unten ■ c hinten ■ d vorn ■
e links ■ f rechts ■ g außen ■ h innen

ⓑ Ergänzen Sie die passenden Adverbien. Es gibt manchmal mehrere Möglichkeiten.

davor ■ draußen ■ drinnen ■ geradeaus ■ her ■ herein ■ hin ■ nach draußen ■ links ■ rechts ■
nach vorne ■ raus ■ rein

1 Kommen Sie *rein / herein* , die Türe ist offen.

2 Bei diesem Regen gehe ich nicht .... Da bleibe ich lieber ....

3 Am besten, Sie gehen .... bis zur nächsten Ampel, dann .... und

   gleich wieder ....

4 Komm schnell .... und schau dir das an!

5 Warum fragst du, wo die Marienkirche ist? Du stehst doch direkt ....

6 Morgen beginnt das Oktoberfest. Gehen Sie auch .... ?

7 Komm, setzen wir uns ein Stückchen weiter .... Da sieht man besser.

8 Wo möchten Sie den Tisch reservieren? .... oder .... ?

ⓒ Wie heißt es richtig? Kreuzen Sie an.

1 Ich bin vor drei Jahren hier ☐ hierher ☐ gekommen.

2 Ich gehe oben ☐ nach oben ☐ rauf ☐. (Zwei Lösungen)

3 Komm runter ☐ unten ☐ nach unten ☐, ich warte vor dem Haus. (Zwei Lösungen)

ⓓ Ersetzen Sie den markierten Ausdruck durch ein passendes Adverb.
Es gibt manchmal mehrere Möglichkeiten.

da/dort ■ hier ■ dahin/dorthin ■ dort ■ gegenüber ■ da ■ heim ■ nirgends/nirgendwo

1 Du gehst aus dem Bahnhof, und das Hotel ist direkt auf der anderen Straßenseite. *gegenüber*

2 Nein, in unserer Stadt gibt es leider kein Kino mehr. ....

3 Sie können zu mir kommen. Ich bin jetzt im Büro. ....

4 Wo sind denn nur meine Schlüssel? Ich kann sie in der ganzen Wohnung nicht finden. ....

5 Mir geht es nicht gut. Ich glaube, ich gehe gleich nach Hause. ....

6 Waren Sie schon einmal in Potsdam? ....

7 Ich würde gern einmal nach Potsdam fahren. ....

8 Keine Angst, wir sind gleich am Ziel. ....

6 Postkarte aus dem Urlaub

ⓐ Ordnen Sie die Informationen
aus dem Urlaub (a–e) zu.

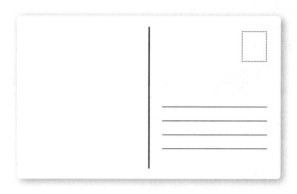

1 🄲 Welche Art von Urlaub?
2 🄲 Unterkunft (Wie sind Sie untergebracht?)
3 🄲 Wetter (Wie ist das Wetter?)
4 🄲 Aktivitäten (Was machen Sie?)
5 🄲 Besonderheiten

a Sehenswürdigkeiten besichtigen, Stadtrundfahrten machen, Museen und Ausstellungen besuchen,
 wandern, baden, am Strand liegen, essen gehen, Tiere füttern, Ausflüge machen, Ski fahren
b nette Leute, gutes Restaurant um die Ecke, schlechtes Essen im Hotel, langweiliger Ort, viel Ruhe
c Städtereise, Urlaub in den Bergen, Strandurlaub
d Hotels und Pensionen, Ferienwohnung, Campingplatz, Privatunterkunft, bei Freunden, Bauernhof
e heiß, angenehm, kühl, verregnet, sonnig

ⓑ Wählen Sie einen Urlaub aus (in einer Stadt, in den Bergen oder am Meer)
und schreiben Sie mit den Informationen aus a eine Postkarte.
Beachten Sie das, was Sie zum Schreiben einer Karte / eines Briefs in Lektion 1, Aufgabe 5
gelernt haben. Vergleichen Sie mit den Musterlösungen im Lösungsschlüssel.

7 *entweder ... oder*

ⓐ Verbinden Sie die Satzteile wie im Beispiel.

1 hier rechts – links abbiegen müssen (du)
 Hier musst du entweder rechts oder links abbiegen.

2 das schwarze – das rote Kleid nehmen (ich)
 ....

3 in Wien – in Klagenfurt studieren möchten (ich)
 ....

4 mit dem Bus – mit der U-Bahn in die Stadt fahren können (Sie)
 ....

5 in der 12. – in der 17. Reihe Plätze reservieren können (wir)
 ....

ⓑ Verbinden Sie die Sätze wie im Beispiel.

1 ein Jahr ins Ausland gehen – zu Hause bleiben und Mathematik studieren (ich)

Entweder ich gehe ein Jahr ins Ausland oder ich bleibe zu Hause und studiere Mathematik.

2 dieses Jahr zu meinen Eltern fahren – gar keinen Urlaub machen (wir)

....

3 die S-Bahn in die Stadt nehmen – mit dem Bus fahren (Sie)

....

4 am Wochenende ins Kino gehen – einen Ausflug ans Meer machen (wir)

....

5 mir zuhören (du) – nicht mehr mit dir sprechen (ich)

....

ⓒ Ergänzen Sie die Tabelle mit weiteren Sätzen aus b.

entweder[1]	Subjekt	Verb	weitere Satzglieder	oder	Subjekt	Verb	weitere Satzglieder
			Satz 1				**Satz 2**
Entweder	ich	gehe	ein Jahr ins Ausland	oder	ich	bleibe	zu Hause und studiere Mathematik.

[1] Es sind andere Wortstellungsvarianten möglich:
Entweder gehe ich ein Jahr ins Ausland ...
Ich gehe entweder ein Jahr ins Ausland ...

8

sowohl ... als auch
Betonen Sie die beiden Satzteile wie im Beispiel.

1 Dieser Bus kann auf der Straße und im Wasser fahren.

Dieser Bus kann sowohl auf der Straße als auch im Wasser fahren.

2 Bei uns gibt es echte Designerstücke und preiswerte Möbel.

....

3 Diese Wohngegend ist zentral und ruhig.

....

4 Wir bieten kleine und große Mittagsmenüs an.

....

5 Erleben Sie in unserer Urlaubsregion die wunderschöne Natur und die romantischen Dörfer.

....

9 **ⓐ** Lesen Sie die folgenden Sätze. Lösen Sie dazu die Aufgaben.
Achten Sie dabei auf die markierten Wendungen und Ausdrücke.

1 Welche Sätze berichten über eine positive Erfahrung? Kreuzen Sie an.

    a ☐ Der Urlaub am Meer hat mir gut gefallen.

    b ☐ Immer nur Kirchen besichtigen! Davon habe ich genug!

    c ☐ Ich fand den Urlaub in Wien sehr angenehm.

    d ☐ Jeden Tag in den Bergen wandern! Das war mir zu anstrengend.

    e ☐ Der Urlaub in Finnland ist mir in guter Erinnerung geblieben.

    f ☐ Der letzte Urlaub hat mich enttäuscht, weil es da immer geregnet hat.

2 Welcher Satz drückt Zustimmung (+), welcher Ablehnung (–) aus? Welcher Satz ist neutral (+–)?
Notieren Sie.

    a ☐ Ich möchte unbedingt wieder ans Meer.

    b ☐ Mir ist das eigentlich egal: Ich mag sowohl das Meer als auch die Berge.

    c ☐ Ich bin mir unsicher, ob ich wieder ans Meer fahren soll oder lieber in die Berge.

    d ☐ Ich habe keine Lust mehr, ans Meer zu fahren.

3 Was drücken die folgenden Sätze aus: einen Vorschlag (V), die Ablehnung eines Vorschlags (A)
oder die Zustimmung zu einem Vorschlag (Z)? Ordnen Sie zu.

    a V Wir könnten doch ans Meer fahren.

    b Z Einverstanden.

    c ☐ Lasst uns doch eine Städtereise machen.

    d A Nein, das möchte ich wirklich nicht.

    e ☐ Also, ein Urlaub in den Bergen kommt für mich nicht infrage.

    f ☐ Gut, dann fahren wir wieder ans Meer.

    g ☐ Ihr könnt ja ans Meer fahren, aber dann komme ich nicht mit.

    h ☐ Ja, das ist eine gute Idee.

    i ☐ Eine Städtereise machen? Das wäre auch möglich, stimmt.

    j ☐ Urlaub in Deutschland? Das finde ich keine gute Idee.

    k ☐ So machen wir das.

    l ☐ Ja, eine Städtereise ist doch viel besser, als immer in die Berge zu fahren.

    m ☐ Wir können schon ans Meer fahren, obwohl es da immer so voll ist.

    n ☐ Wie wäre es, wenn wir in diesem Jahr zu Hause bleiben?

    o ☐ In Ordnung.

🔊 39–41 **ⓑ** Hören Sie die Sätze in 9a und sprechen Sie sie nach.

10 **a** Bringen Sie die Textteile in die richtige Reihenfolge.
Was wird in welchem Abschnitt gesagt? Ordnen Sie zu.

a Worum es geht. ■ b Worüber man diskutiert hat. ■ c Was man beschlossen hat.

A ☐☐ **Die Frage war, ob** wir in die Schweiz oder nach Österreich fahren wollen. **Wir haben viel darüber diskutiert,** weil wir ja nur eine Woche Zeit haben. Am Ende **waren wir dafür, dass** wir in die Schweiz fahren, weil die meisten von uns schon in Österreich waren und das Land ganz gut kennen. **Wir hatten dann die Idee, dass** wir uns nur ein oder zwei interessante Städte anschauen. In einer Woche kann man ja nicht alles sehen.

B ☐☐ **Deshalb haben wir beschlossen,** zuerst zwei Tage nach Bern zu fahren. Das ist ja die Hauptstadt der Schweiz. Danach fahren wir zwei Tage nach Zürich, in die größte Stadt des Landes. **Von dort aus** können wir auch noch einen Ausflug nach Luzern machen, dann sehen wir auch etwas von den Schweizer Alpen.

C ☐1☐a **Wir möchten euch jetzt vorstellen,** für welche Reise wir uns entschieden haben.

b Stellen Sie jetzt das Ergebnis eines Gesprächs vor wie in a.

— Wochenende am Meer (von Freitag bis Sonntag)
— Nordsee oder Ostsee
— Nordsee: viele Touristen, tever; Ostsee: günstiger
— Ostsee: auf eine Insel
— beschlossen: Rügen
— Rügen: große Insel; gut wandern; schöne Strände
— Ausflug: Schifffahrt auf die Insel Hiddensee, dort auch Museum besuchen

6

B Wohnen spezial – der neue Trend

11 Wo oder wie wohnen Sie?

a Lesen Sie die Fragen. Wie ist Ihre Wohnsituation? Kreuzen Sie an.

WIEDERHOLUNG

1 In was für einem Gebäude wohnen Sie?

Haus ☐ ■ Studentenwohnheim ☐ ■ Wohnung ☐ ■ Appartement ☐ ■ Zimmer ☐ ■ Wohnblock ☐

2 Was hat Ihr Haus? Was gibt es dort?

Treppenhaus ☐ ■ Lift ☐ ■ Erdgeschoss ☐ ■ Keller ☐ ■ Mauer ☐ ■ Dach ☐ ■ Kamin ☐
Balkon ☐ ■ Terrasse ☐ ■ Hof ☐ ■ Garten ☐ ■ Garage ☐ ■ Hausmeister/-in ☐ ■ Mieter ☐

3 Welche Räume gibt es in Ihrer Wohnung?

Wohnzimmer ☐ ■ Schlafzimmer ☐ ■ Kinderzimmer ☐ ■ Gästezimmer ☐ ■ Küche ☐ ■
Bad/Badezimmer ☐ ■ Toilette/WC ☐ ■ Gang ☐ ■ Arbeitszimmer ☐ ■ Esszimmer ☐

ⓑ Ergänzen Sie das passende Verb in der richtigen Form.

(ein)ziehen ■ mieten ■ umziehen ■ verkaufen ■ vermieten

1 Sie können diese Wohnung _mieten_ oder kaufen.

2 Ich bin mit 22 von zu Hause ausgezogen und in eine Wohngemeinschaft ....

3 Wir müssen bald .... Unser Vermieter hat den Vertrag gekündigt.

4 Wir haben unsere Wohnung .... , weil wir ein Haus gebaut haben. (2 Möglichkeiten)

ⓒ Was passt nicht zu einer Wohnung? Kreuzen Sie an.

Tür ☐ ■ Fenster ☐ ■ Wand ☐ ■ Boden ☐ ■ Decke ☐ ■ Eingang ☐ ■ Ausgang ☐ ■ Haustür ☐ ■ Stock ☐

---

12 Möbelstücke / Einrichtungsgegenstände und Materialien

ⓐ Wie sind Sie eingerichtet?

1 Welche Möbelstücke und Einrichtungsgegenstände gibt es bei Ihnen zu Hause? Kreuzen Sie an.
2 In welchem Zimmer? Ordnen Sie zu wie im Beispiel.

a Backofen	2	j Mikrowelle	☐	1 Flur	
b Badewanne	☐	k Regal	☐	2 Küche / Kochnische	
c Bett	☐	l Schrank	☐	3 Schlafzimmer	
d Dusche	☐	m Sessel	☐	4 Wohnzimmer	
e Garderobe	☐	n Sofa	☐	5 Badezimmer	
f Geschirrspüler	☐	o Stuhl	☐	6	
g Herd / Kochplatte	☐	p Teppich	☐		
h Kühlschrank	☐	q Tisch	☐		
i Lampe	☐	r Waschbecken	☐		

ⓑ Wie heißt es richtig? Kreuzen Sie an.

1 eine Wohnung mit neuen Möbeln stellen ☐ einrichten ☐
2 ein möbliertes ☐ bemöbeltes ☐ Zimmer

ⓒ Welche Materialien mögen Sie in Ihrer Wohnung? Kreuzen Sie an.

Beton ☐ ■ Glas ☐ ■ Gold ☐ ■ Gummi ☐ ■ Holz ☐ ■ Kunststoff ☐ ■ Leder ☐ ■ Metall ☐ ■
Papier ☐ ■ Plastik ☐ ■ Silber ☐ ■ Stein ☐ ■ Stoff ☐

ⓓ *aus* oder *von*? Kreuzen Sie an.

Ich trage nur Schuhe aus ☐ von ☐ Leder.

ⓔ Lesen Sie die folgenden Bewertungen.
Welches Möbelstück / Welcher Einrichtungsgegenstand im Kursbuch Seite 64 ist gemeint?
Schreiben Sie nun selbst ein paar „Rätsel" wie die Sätze 1–4.

1 Also, ein Möbelstück aus alten Schubladen gefällt mir überhaupt nicht. ....

2 ... aus alten Stuhllehnen würde ich nie benutzen. ....

3 Einen ... aus alten CDs würde ich gern in die Wohnung stellen. ....

4 Altglas ist doch Abfall, daraus kann man doch keine ... machen. ....

13 Passiv

ⓐ Ergänzen Sie die fehlenden Formen.

Präsens			Präteritum		
Dieser Tisch	*wird*	aus Glas gemacht.	Dieser Tisch	*wurde*	aus Glas gemacht.
Diese Stühle	....	aus Holz gemacht.	Diese Stühle	....	aus Holz gemacht.

ⓑ In welchem Satz gibt es ein Passiv? Kreuzen Sie an.

1 ☐ Es wird wieder wärmer. Bald ist Sommer.
2 ☐ Namen werden auf Deutsch immer großgeschrieben.
3 ☐ Ich möchte später einmal Journalist werden.

ⓒ Formulieren Sie Passivsätze. Vergleichen Sie mit dem Lösungsschlüssel.

1 So macht man das bei uns.

So wird das bei uns gemacht.

2 Man baute früher Brücken aus Holz.

....

3 Man braucht bald keine Computerfestplatten mehr.

....

4 Wir speichern unsere Daten immer auf zwei Festplatten.

....

5 Am 25. Dezember arbeitet in Deutschland (fast) niemand.

....

C Risiken erkennen – Gesundheit schützen

VERTIEFUNG
14 Ergänzen Sie die passenden Wörter.

Allergien ■ Gesundheitsgefahren und Gesundheitsrisiken ■ s̶c̶h̶ä̶d̶l̶i̶c̶h̶ ■ tödlich ■ Umweltrisiko ■ verbrennen

1 In jedem Haushalt stehen Stoffe, die *schädlich* .... für die Umwelt sein können.

2 Lassen Sie Kinder nicht in der Nähe eines Herdes spielen. Sie können sich an den heißen Töpfen

....

3 Auf giftigen Produkten müssen Hinweise auf .... stehen.

4 Durch chemische Stoffe kann man .... bekommen.

5 Wenn Kinder Putz- oder Waschmittel schlucken, können sie sich .... vergiften.

6 Alte Batterien kommen nicht in den normalen Müll. Das wäre ein ....

15 **Erziehungsmaßnahmen in der Diskussion**

ⓐ Welche der Reaktionen 1–7 könnten zu den Situationen A–C passen?
Ordnen Sie zu. Manche können Sie mehrmals verwenden.

A	B	C
gute Note in einer Mathematikschularbeit: hundert Euro Belohnung	gelogen: eine Woche nicht fernsehen	Hände vor dem Essen nicht gewaschen: kein Essen bekommen
.1., ...	....	....

1
Ich finde das gut,
weil man für eine gute
Note belohnt werden muss.

2
Ich weiß nicht genau.
Ich würde nicht so
viel Geld bezahlen.

3
Ich kann mir nicht vorstellen,
dass das Kind dann immer die
Wahrheit sagt.

4
Ich denke schon, dass
das gut ist, weil Kinder
Strafen brauchen. Sonst
lernen sie nichts.

5
Ich bin mir unsicher,
ob Strafen wirklich
etwas bringen.

6
Es ist doch gut,
wenn Kinder Geld bekommen.

7
Das werde ich jetzt mit meinen Kindern
auch machen: Nur wer seine Hände gewaschen
hat, darf sich an den Tisch setzen.
Dann muss man nicht mehr diskutieren.

ⓑ Widersprechen Sie oder stimmen Sie den Reaktionen in 1–7 zu?
Schreiben Sie Ihre Meinung. Verwenden Sie die folgenden Wendungen und Ausdrücke.

Doch, da hast du (völlig) recht. ◼ Da bin ich deiner Meinung / anderer Meinung. ◼ Das finde ich auch / nicht. ◼
Da hast du völlig recht. ◼ Ja, das ist schon möglich. ◼ Das glaube ich nicht.

zu Reaktion **1** : ....

zu Reaktion **2** : ....

zu Reaktion **3** : ....

zu Reaktion **4** : ....

zu Reaktion **5** : ....

zu Reaktion **6** : ....

zu Reaktion **7** : ....

D

Ein Blick in die Zukunft

WORTSCHATZ: Computernutzung ·······→ zu Kursbuch Seite 69

16 **ⓐ** Welche Geräte und Medien nutzen Sie regelmäßig? Kreuzen Sie an.

Bildschirm ⬚ ■ CD-ROM ⬚ ■ Drucker ⬚ ■ DVD-ROM ⬚ ■ Laptop ⬚ ■ Maus ⬚ ■
Netbook ⬚ ■ Server ⬚ ■ Smartphone ⬚ ■ Tablet-PC ⬚ ■ Tastatur ⬚ ■ E-Book ⬚ ■
E-Book-Reader (Lesegerät) ⬚ ■ MP3-Player ⬚

ⓑ Tätigkeiten am PC. Was passt? Kreuzen Sie an.

		E-Mails	Dateien	Programme	im Internet
1	speichern	⬚	⬚	⬚	⬚
2	löschen	⬚	⬚	⬚	⬚
3	ausdrucken	⬚	⬚	⬚	⬚
4	verschicken	⬚	⬚	⬚	⬚
5	schreiben	⬚	⬚	⬚	⬚
6	senden	⬚	⬚	⬚	⬚
7	surfen	⬚	⬚	⬚	⬚
8	herunterladen	⬚	⬚	⬚	⬚
9	mailen	⬚	⬚	⬚	⬚

ⓒ Was machen Sie im Internet? Kreuzen Sie an.
VERTIEFUNG

in Facebook chatten ⬚ ■ twittern ⬚ ■ Beiträge in Blogs schreiben ⬚ ■
Mitteilungen auf eine Pinnwand posten ⬚ ■ googeln ⬚

ⓓ Wie heißen die markierten Ausdrücke auf Deutsch?
VERTIEFUNG   Ersetzen Sie sie durch die angegebenen Verben in der richtigen Form.

anmelden ■ abmelden ■ herunterladen

1 Eine Testversion dieses Programms können Sie kostenlos downloaden (....).

2 Sie wurden erfolgreich ausgeloggt (....). Wenn Sie sich wieder einloggen

   (....) wollen, geben Sie bitte Ihr Passwort und Ihre persönliche PIN ein.

ⓔ Registrierung bei einem Internetdienst (Programme, Händler, Banken)
VERTIEFUNG   Bei welchen Angaben sollte man vorsichtig sein? Kreuzen Sie an.

1 ⬚ Name und Adresse angeben
2 ⬚ die Kreditkartennummer angeben
3 ⬚ E-Mail-Adresse angeben
4 ⬚ ein Passwort wählen
5 ⬚ die persönliche Kontonummer angeben
6 ⬚ die Geschäftsbedingungen bestätigen

17 **ⓐ** **Verben nur mit Subjekt (Nominativ)**
Ergänzen Sie passende Verben in den folgenden Sätzen.

arbeiten ◼ brennen ◼ einschlafen ◼ frieren ◼ frühstücken ◼ funktionieren ◼ lachen ◼ losgehen ◼
passen ◼ regnen ◼ scheinen ◼ schlafen ◼ spazieren gehen ◼ ~~spielen~~ ◼ studieren

1 Was machen denn die Kinder gerade? – Die ..*spielen*................. .

2 Die Sonne .... Lass uns ....

3 Ich kann jetzt nicht mit dir spielen. Ich muss ....

4 Es ist kalt. Ich ....

5 Sei bitte ruhig, der Kleine ....

6 Das Kleid .... Ich kaufe es.

7 Der Himmel ist grau und es ....

8 Der Herd ist ganz neu, aber er .... nicht.

9 Ich war so müde, dass ich gleich .... bin.

10 Der Witz war schlecht. Niemand hat ....

11 Was machen Sie beruflich? – Ich ....

12 Ruf schnell die Feuerwehr, es ....

13 Wir .... jeden Morgen um acht.

14 Komm schnell, der Film .... gleich ....

ⓑ **Lernen Sie weitere Verben, die nur ein Subjekt haben.**

abfliegen ◼ anfangen ◼ auf sein ◼ aufhören ◼ aus sein ◼ baden ◼ diskutieren ◼ parken ◼
rechnen ◼ schwimmen ◼ tanzen ◼ telefonieren ◼ trainieren ◼ weinen

ⓒ **Verben mit einer Ergänzung im Nominativ**
Ergänzen Sie Ihre persönlichen Angaben mit den folgenden Wendungen und Ausdrücken.

ich bin ... ◼ ich heiße ... ◼ ich wollte ... werden

Name: .... Beruf: .... Berufswunsch als Kind: ....

ⓓ **Verben mit Akkusativ**

1 Ergänzen Sie die Sätze mit den angegebenen Nomen / Pronomen in der richtigen Form.

1 Wir müssen .... packen. In drei Stunden geht das Flugzeug. (Koffer)

2 In Wien haben wir dann ..*den berühmten Prater*....... besichtigt. (der berühmte Prater)

3 Kannst du heute mal .... sauber machen? (das Bad)

4 Stell dir vor, am Ende hat er .... in Mathe und Deutsch verbessert. (seine Noten)

5 Ich habe .... gewonnen. (ein Fernseher)

6 Ich glaube, ... kann ich nicht in meine Muttersprache übersetzen. (dieser Ausdruck)

7 Kannst du heute bitte .... abholen? (die Kinder)

8 Entschuldige, ich habe .... mit einer anderen Person verwechselt. (du)

9 Wir haben .... leider verloren. (das Spiel)

10 Ich muss auch in die Stadt. Kannst du .... mitnehmen? (ich)

2 Viele deutsche Verben haben einen Akkusativ. Sie sollten diese Verben kennen.
Klären Sie die Bedeutung der Verben, die Sie nicht kennen.

anmachen ■ anrufen ■ anschauen ■ ansehen ■ aufräumen ■ ausfüllen ■ ausmachen ■ auspacken ■
backen ■ bauen ■ bekommen ■ bemerken ■ beschreiben ■ bestellen ■ besuchen ■ bezahlen ■
brauchen ■ dauern ■ einladen ■ einpacken ■ erzählen ■ essen ■ finden ■ fotografieren ■ haben ■
heiraten ■ holen ■ hören ■ kaufen ■ kennen ■ kennenlernen ■ kochen ■ kosten ■ küssen ■ legen ■
lernen ■ lesen ■ lieben ■ machen ■ mieten ■ mitnehmen ■ nehmen ■ öffnen ■ reparieren ■
reservieren ■ sammeln ■ schreiben ■ sehen ■ singen ■ suchen ■ trinken ■ üben ■ unterschreiben ■
vergessen ■ verkaufen ■ verstehen ■ verwechseln ■ wiederholen ■ zumachen

42 **e** Verben mit Dativ, die man häufig verwendet. Welches Pronomen ist richtig?
Kreuzen Sie an. Hören Sie die Sätze und vergleichen Sie.

1 Hallo, wie geht es Sie ☐ Ihnen ☐ ?
2 Finger weg. Das Fahrrad gehört mir ☐ mich ☐ !
3 Warte, ich helfe dich ☐ dir ☐ .
4 Ich danke ihr ☐ euch ☐ für eure Hilfe!
5 Bring den Kindern Schokolade mit. Die schmeckt ihnen ☐ sie ☐ .
6 Ich glaube, sie hat ihm ☐ ihn ☐ nicht geantwortet.
7 Hör mich ☐ mir ☐ bitte mal zu!
8 Schenk ihr Blumen, das gefällt sich ☐ ihr ☐ bestimmt.
9 Hast du ihn ☐ ihm ☐ schon zum Geburtstag gratuliert?

f Ergänzen Sie den Dativ wie im Beispiel.

1 Diese Lampe schenke ich *meiner Oma* . (meine Oma)

2 Gibst du .... mal bitte deinen Kugelschreiber? (ich)

3 Ach, bring .... doch bitte seinen Tee. (der Patient)

4 Wir schicken .... die Konzertkarten per Post. (Sie)

5 Zeigst du .... bitte den Vertrag? (ich)

6 Leihst du .... das Auto? (dein Sohn)

g Ein paar wichtige Verben mit Präpositionen
Ergänzen Sie die passende Präposition und das Artikelwort, wo nötig.

an ■ an ■ auf ■ für ■ über ■ von

1 Kannst du heute *auf die* .... Kinder aufpassen?

2 Ich glaube nicht mehr .... Weihnachtsmann.

3 Sie interessiert sich überhaupt nicht .... Sport.

4 Entschuldige, ich habe nicht mehr .... Milch gedacht.

5 Ich träume .... langen Urlaub.

6 Ich habe noch nicht .... nächsten Urlaub nachgedacht.

h Verben mit Nebensätzen oder Pronomen
Lesen und hören Sie die Sätze. Sprechen Sie dann nach.

1 Das bedeutet, dass wir uns beeilen müssen.
  Das bedeutet nichts.

2 Ich wollte nur fragen, ob meine Mail angekommen ist.
  Ich wollte etwas fragen.

3 Ich hoffe, dass du mich bald mal besuchst.
  Ich hoffe es.

4 Sie hat gemeint, dass das nicht stimmt.
  Sie hat das gemeint.

5 Er hat gesagt, dass er erst morgen kommen kann.
  Er hat etwas gesagt.

6 Ich weiß nicht, wo dein Schlüssel liegt.
  Ich weiß es nicht.

7 Zeigst du mir, wie das funktioniert?
  Zeigst du mir das?

Darüber hinaus

PHONETIK

18 Hören Sie und sprechen Sie nach.

1 auf einen Berg
2 in den Bergen
3 in einem See
4 übers Meer
5 im Park
6 im Wald
7 am Ufer eines Flusses

19 Hören Sie und sprechen Sie nach.

1 Hallo, wie geht es Ihnen?
2 Und, wie geht es dir?
3 Hey, du, das Fahrrad gehört mir!
4 Warte, ich helfe dir.
5 Moment, ich helfe dir gleich.
6 Und, wie schmeckt es Ihnen?
7 Und, wie hat ihnen dein Essen geschmeckt? Waren deine Gäste zufrieden?
8 Ich habe ihm noch nicht geantwortet. Ich weiß nicht, was ich ihm schreiben soll.
9 Hört mir bitte alle mal zu!
10 Schenk ihr diese Blumen hier, die gefallen ihr bestimmt.
11 Habt ihr Ulli schon zum Geburtstag gratuliert?

20

46

Schifffahrt durch Berlin

Hören Sie, was der Reiseleiter auf dem Schiff sagt. Welche Aussagen sind richtig?
Kreuzen Sie an.

1 Was für eine Fahrt macht das Schiff?
  a eine Fahrt ins Regierungsviertel und wieder zurück
  b eine Rundfahrt durch Berlin
  c eine Fahrt mit Besichtigung des Nikolaiviertels

2 An Bord gibt es …
  a warmes Essen.
  b belegte Brote.
  c Getränke und Eis.

3 Das Wetter ist heute …
  a kühl und regnerisch.
  b kalt, aber trocken.
  c windig und nass.

4 Im Nikolaiviertel kann man …
  a gut einkaufen.
  b historische Gebäude besichtigen.
  c Berliner Spezialitäten probieren.

5 Die Eastside-Gallery ist ein Stück
  Berliner Mauer,
  a die man bemalen kann.
  b die Künstler bemalt haben.
  c an der Bilder von Künstlern hängen.

21

Urlaubs- und Freizeitangebote

Lesen Sie die Situationen 1 bis 7 und die Anzeigen A bis J auf Seite 100. Ordnen Sie die Anzeigen
den Situationen zu. Für eine Situation gibt es keine Anzeige. Notieren Sie dort ein „X".

Beispiel
0 Familie Schlüter möchte ihren Kindern das deutsche Parlament in Berlin zeigen.   Anzeige: ....J....

1 Monika studiert noch und sucht eine Ferienbetreuung für ihren fünfjährigen Sohn.   Anzeige: ....

2 Marco möchte im Urlaub Englisch lernen und sucht eine Feriensprachschule.   Anzeige: ....

3 Charlotte und ihr Freund wollen einen Winterurlaub am Meer machen.   Anzeige: ....

4 Ihre Tageszeitung bietet eine interessante Zugfahrt in den Bergen an.   Anzeige: ....

5 Familie Wagner bleibt in den Sommerferien zu Hause und sucht preiswerte

  Ferienangebote für ihre Kinder.   Anzeige: ....

6 Herr und Frau Wilberg möchten eine interessante Schiffsreise machen.   Anzeige: ....

7 Frau Rückers möchte ihrer kleinen Tochter ein Wochenende mit vollem Freizeit-

  programm schenken.   Anzeige: ....

A
Radfahren an der Donau

Erleben Sie die Donau auf dem Donauradweg, einem der beliebtesten Radwege Europas.

Unser Angebot:
Sieben Tage von Passau bis Wien
- Übernachtung in guten Hotels
- Gepäcktransport
- geführte Stadtbesichtigungen
- Fahrradverleih (auf Wunsch)

Informationen donaurad@radprofis-smu.com ▶

B
Skifahren in Tirol

Traumhafte Landschaft –
endlose Skipisten
In Tirol ist für jeden Ski-und Snowboard-Freak etwas dabei –
vom Anfänger bis zum Profi.
Informieren Sie sich über unendliche Winterangebote

tirol@tirol-service.at.com ▶

C
Winter auf der Insel Rügen

Auch im Winter ist Rügen ein attraktives Reiseziel. Verbringen Sie Weihnachten und Neujahr in der Ruhe einer der beliebtesten Ferieninseln Deutschlands und lassen Sie sich kulinarisch verwöhnen.
ab 299 Euro pro Person

weitere Informationen ▶

D
Ferienpass für Jugendliche

Auch in diesem Jahr gibt es bei der Stadtverwaltung den beliebten Ferienpass. Er enthält Gutscheine für die verschiedensten Freizeitangebote in den Schulferien in der ganzen Region, inklusive wie immer der freie Eintritt in alle Schwimmbäder.

Anmeldung hier ▶

E
Mittelmeer-Kreuzfahrten

Genießen Sie das Mittelmeer an Bord der MS Sea Star. Geräumige Kabinen, ein exklusives Bordrestaurant und ein umfangreiches Freizeitprogramm erwarten Sie. Lassen Sie sich verwöhnen und erleben Sie die schönsten Städte, Küsten und Landschaften am Mittelmeer.

mehr Informationen ▶

F
Wochenende im Freizeitpark

Exklusive Angebote im Oktober

- 2 Tage toller Spaß und Unterhaltung in unserem Freizeitpark
- alle Hotels inklusive Eintritt
- Kinder unter 6 Jahren frei

Buchen Sie jetzt

Anmeldung unter
holidayoffice@booking.com ▶

G
Kinderfreizeit des Studentenwerks

Studierende können ihre Kinder unter 15 Jahren in den Semesterferien bei verschiedenen Freizeitangeboten anmelden. Klicken Sie auf eines der folgenden Angebote.

- Musik
- Jonglieren
- Theater
- Abenteuerspielplatz

mehr Informationen ▶

H
Deutsch lernen in Basel
Sprache und Kultur erleben

Kurse rund ums Jahr
Sonderprogramme in den Sommermonaten Juli und August

nähere Infos unter
info@sprachschule-luz.aon.ch ▶

I
Leserreise der Lamsteiner Nachrichten

Dampfbahnfahrt
Furka-Bergstrecke in der Schweiz 21.-25. Juni
wunderschöne Berglandschaften, Ausblicke in tiefe Täler, ein unvergessliches Erlebnis

nur noch wenige Plätze frei

Anmeldung hier ▶

J
Stadtführungen Berlin

Pariser Platz, Brandenburger Tor und Reichstag
Besichtigung des Reichstags
Dauer ca. 2 Stunden
Treffpunkt: Pariser Platz

Anmeldung hier ▶

A Wie wir leben ...

WORTSCHATZ: Freizeitaktivitäten (Wohlbefinden) ⸻▸ zu Kursbuch Seite 72

1 Aktivitäten, die unser Leben lebenswerter machen

ⓐ Welches Verb passt? Ordnen Sie zu.

1 einen Spaziergang, Gymnastik, Urlaub, eine Fahrradtour   ☐ **a** haben
2 früh ins Bett, joggen, unter die Dusche, spazieren   ☐ **b** machen
3 viel Bewegung, wenig Stress, Ruhe, gute Laune   ☐ **c** sein
4 Fahrrad, ans Meer, in die Berge, Boot   ☐ **d** gehen
5 aktiv, ausgeruht, erholt, entspannt   ☐ **e** fahren

ⓑ Welches Verb passt? Kreuzen Sie an.

1 zusammen etwas zu Essen kochen ☐ ernähren ☐
2 sich wohl ernähren ☐ fühlen ☐
3 morgens eine halbe Stunde früher nehmen ☐ aufstehen ☐
4 morgens auf dem Balkon Kaffee trinken ☐ nehmen ☐
5 in Ruhe Zeitung lesen ☐ trennen ☐
6 ein paar Kilo abnehmen ☐ essen ☐
7 regelmäßig kleine Pausen fühlen ☐ machen ☐
8 sich gesund machen ☐ ernähren ☐
9 keine Arbeit mit nach Hause nehmen ☐ machen ☐

GRAMMATIK: Verben und Ausdrücke mit Infinitiv ⸻▸ zu Kursbuch Seite 73

2 Mit oder ohne *zu*? Ergänzen Sie die Sätze. Hören Sie dann und vergleichen Sie.

1 dich sehen

Ich habe mich gefreut, *dich zu sehen* .

2 nicht gut Fußball spielen

Ich kann *nicht gut Fußball spielen* .

3 mehr Zeit für dich haben

Ich wünsche mir, _____ .

4 bald kommen

Ich verspreche dir, _____ .

5 schwimmen

Meine Kinder lernen gerade _____ .

6 nur noch zu Fuß zur Arbeit gehen

Ich habe beschlossen, _____ .

7 so oft wie möglich Sport machen

Ich versuche, _____ .

7

8 regnen

Es hat angefangen / aufgehört ....

9 mit dir ins Kino gehen

Sie haben mir nicht erlaubt, ...

10 mehr Sport machen

Ich rate Ihnen, ...

11 mich schon lange mal mit dir treffen

Ich wollte ....

12 dich anrufen

Ich habe leider vergessen, ...

13 lange frühstücken

Ich liebe es, ...

14 alles auf einmal machen

Er versucht, ...

15 möglichst viel Zeit mit der Familie verbringen

Man sollte ....

3 **Ausdrücke mit Infinitiv. Hören und lesen Sie die Sätze. Sprechen Sie sie nach.**

48

1 Es ist ganz einfach, diese Dose zu öffnen. Wenn man einen guten Dosenöffner hat.
2 Es macht mir nichts aus, morgens früh aufzustehen.
3 Es ist verboten, hier zu parken.
4 Es war schwer, noch ein Ticket zu bekommen.
5 Es ist wichtig, das zu verstehen.
6 Es ist unmöglich, diese Tür zu öffnen.

4 **Infinitivsätze nach Verben mit Präposition**

ⓐ **Ergänzen Sie da(r) + Präposition wie im Beispiel.**

1 Denkst du *daran* , die Blumen zu gießen? (denken an)

2 Ich bin *dafür* , im Urlaub ans Meer zu fahren. (sein für)

3 Ich freue mich .... , dich wiederzusehen. (sich freuen auf)

4 Ich achte .... , genug Sport zu machen. (achten auf)

5 Erinnerst du mich .... , den Schlüssel abzugeben? (erinnern an)

6 Wir haben .... gesprochen, das Auto zu verkaufen. (sprechen von)

7 Ich glaube, meine Schwester interessiert sich nicht so sehr .... , ins Theater zu gehen.

(sich interessieren für)

ⓑ **Bei welchen Präpositionen steht *da-*, bei welchen *dar-*? Notieren Sie.**

an ▪ bei ▪ auf ▪ aus ▪ für ▪ gegen ▪ in ▪ mit ▪ über ▪ um ▪ von ▪ zu

daran, dabei, ...

5 (Gute) Ratschläge
Formulieren Sie Ratschläge mit *statt ... zu* wie im Beispiel.

1 regelmäßig bewegen – immer nur am Computer sitzen

Du solltest dich regelmäßig bewegen, statt immer nur am Computer zu sitzen.

2 auf gesunde Ernährung achten – dauernd Fast-Food essen

3 dein Abendessen selbst kochen – es beim Pizza-Dienst bestellen

4 mit dem Fahrrad fahren – immer das Auto nehmen

5 die Hausaufgaben machen – fernsehen

6 das Zimmer aufräumen – faul im Bett liegen

6 Formulieren Sie die Sätze neu. Verwenden Sie *ohne zu*.

1 Das kann ich dir sagen. Da muss ich nicht lange nachdenken.

Das kann ich dir sagen, ohne lange nachzudenken.

2 Er geht zwei Jahre ins Ausland. Er hat dort keine Arbeit.

3 Du sprichst. Du denkst nicht nach.

4 Du bist einfach weggegangen. Du hast nicht auf mich gewartet.

5 Sie ging weg. Sie antwortete nicht auf seine Frage.

7 **a** Reagieren Sie auf die Vorschläge der beiden Berater. Schreiben Sie Sätze.
Verwenden Sie dazu die folgenden Wendungen und Ausdrücke.

Das, was der Sporttrainer / ... da vorschlägt, finde ich auf jeden Fall sehr gut. ■
Die Idee, ... zu ..., finde ich gut / nicht so gut. ■ Der Vorschlag von ... gefällt mir (nicht). ■
Der Vorschlag von ... ist unrealistisch. ■ Der Vorschlag, ... zu ..., ist gut / nicht gut / unrealistisch. ■
Ich finde die Vorschläge von ... gut / unrealistisch.

A Sporttrainer Herbert Kruse

Um fit zu bleiben, schlage ich vor, morgens immer um sechs Uhr aufzustehen und eine Stunde Yoga zu machen. Danach ein gesundes Frühstück, also Obstsäfte, Obst und Müsli, etwas Käse, Quark oder Joghurt. Da fängt man den Tag ganz entspannt an. Und wenn Sie dann nachmittags auch noch eine halbe Stunde spazieren gehen, dann bleiben Sie sicher gesund.

Der Vorschlag, nachmittags eine halbe Stunde spazieren zu gehen, ist unrealistisch.

B Lebenskünstler Bernd Witzigmann

Meine Tipps sehen etwas anders aus. Nehmen Sie sich für alles ausreichend Zeit und strengen Sie sich nicht an. Also schlafen Sie morgens möglichst lange. Fangen Sie nicht zu früh mit der Arbeit an. Frühstücken Sie lange und essen Sie ein gutes Mittagessen. Treiben Sie nicht zu viel Sport. Ein bisschen Spazierengehen ist nicht schlecht, aber zu viel ist ungesund.

b Schreiben Sie zu Ihren Meinungen aus a nun auch Begründungen.

VERTIEFUNG

Der Vorschlag, nachmittags eine halbe Stunde spazieren zu gehen, ist unrealistisch, denn da muss ich arbeiten.

c „Was würden Sie in Ihrem Leben gern ändern?"
Was würden Sie auf diese Frage antworten? Schreiben Sie.
Verwenden Sie auch die folgenden Wendungen und Ausdrücke.

Ich hätte gern mehr Zeit für ... ■ Ich wünsche mir, mehr Zeit für ... zu haben. ■ Ich hätte Lust, mehr ... ■
Am liebsten würde ich ... ■ Ich möchte gern ... ■ Mir wäre es wichtig, ...

Ich hätte gern mehr Zeit für meine Hobbys.
...

TEXTE BAUEN: einen Kommentar schreiben ·······▶ zu Kursbuch Seite 73

8 **a** Schreiben Sie einen kleinen Kommentar zum Thema „Fit bleiben" in Aufgabe 7.
Verwenden Sie Ihre Notizen und die Wendungen und Ausdrücke aus 7 a–c.
(Zur Form des Kommentars siehe Lektion 4, Aufgabe 13)

b Eine Umfrage zum Thema „Glück im Leben"

VERTIEFUNG

1 Lesen Sie die Antwort eines Lesers auf die Frage: „Was ist für Sie Glück?"
Markieren Sie, was Johannes über Glück sagt.

> Glück bedeutet für viele die große Liebe, viel Geld, den tollen Job, das dicke Auto, keine Probleme, ... Aber ich denke, *Glück* ist viel kleiner. Das ist ein Gefühl, das sehr schön ist, aber nie lange bleibt. Das sind einfach kleine besondere Momente. Und das hat nicht sehr viel mit Geld oder Erfolg zu tun. Man sollte also versuchen, das kleine Glück zu sehen und nicht nur auf das große Glück zu warten. Denn das kommt sowieso nie.   *Johannes, 28 Jahre*

2 Machen Sie sich Notizen dazu, was für Sie selbst Glück bedeutet.
Formulieren Sie dann mit Ihren Notizen und den folgenden Wendungen und Ausdrücken Sätze.

Glück bedeutet für mich ... ■ Ich denke, Glück ist ... ■ Ich persönlich wünsche mir ... ■
Zu meinem Glück gehört ... ■ Ich versuche immer, ... ■ Ich glaube nicht, dass ... ■ Mir ist es wichtig, ...

3 Schreiben Sie jetzt einen kleinen Kommentar.

B Von Tees, Salben und Tropfen

WORTSCHATZ: Gesundheit ⸺→ zu Kursbuch Seite 75

9 ⓐ Welche Gesundheitsprobleme haben Sie schon einmal gehabt? Kreuzen Sie an.

Erkältung ☐ ■ Fieber ☐ ■ Grippe ☐ ■ Husten ☐ ■ Schnupfen ☐ ■ Kopfschmerzen ☐ ■ Bauchschmerzen ☐

ⓑ Ergänzen Sie das Verb oder den Ausdruck in der richtigen Form. Manchmal passen auch zwei.

bluten ■ brechen ■ gut gehen ■ schlecht sein ■ schlecht werden ■ sich erkälten ■ sich verbrennen ■ sich verletzen ■ wehtun

1 Ich bin gestürzt und habe mir dabei den Arm *gebrochen* .

2 Ich habe Kopfschmerzen und die Nase läuft. Ich glaube, ich habe ....

3 Mir .... Ich hoffe, ich habe nichts Falsches gegessen.

4 Ich habe mich in den Finger geschnitten. Aber die Wunde .... nicht mehr.

5 Du siehst blass aus. .... es dir .... ?

6 Ich habe .... an der heißen Herdplatte .... Das tut ganz schön weh.

7 Noch eine Currywurst, und mir .... !

8 Ich hatte einen Unfall mit dem Fahrrad, aber glücklicherweise habe ich .... nicht

....

ⓒ Was gibt es in einem Krankenhaus? Kreuzen Sie an.

Arzt ☐ ■ Patient ☐ ■ Notaufnahme ☐ ■ Krankenpfleger ☐ ■ Apotheker ☐ ■ Krankenwagen ☐ ■
Krankenschwester ☐ ■ Operation ☐

ⓓ Was passt zu „Arztpraxis"? Kreuzen Sie an.

Wartezimmer ☐ ■ Termin ☐ ■ Sprechstunde ☐ ■ Spritze ☐ ■ Thermometer ☐ ■ Verband ☐ ■
Rezept ☐ ■ Krankenkasse ☐ ■ Überweisung ☐

ⓔ Was kauft man in einer Apotheke? Kreuzen Sie an.

Tropfen (Pl.) ☐ ■ Pflaster ☐ ■ Tabletten ☐ ■ Rezept ☐ ■ Salbe ☐ ■ Medikament ☐ ■
Hustensaft ☐ ■ Kräutertee ☐

ⓕ Was gehört zum Thema „Krankheiten"? Kreuzen Sie an.

Fieber ☐ ■ Schnupfen ☐ ■ Unfall ☐ ■ Erkältung ☐ ■ Heiserkeit ☐ ■ Schmerzen (Pl.) ☐ ■
Husten ☐ ■ Grippe ☐ ■ Blutuntersuchung ☐

ⓖ Was gehört zum menschlichen Körper? Kreuzen Sie an.

Magen ☐ ■ Verband ☐ ■ Lippen ☐ ■ Haut ☐ ■ Knie ☐ ■ Rücken ☐ ■ Untersuchung ☐

10 Verbindungen

ⓐ Ich glaube, ich bin krank.
Ergänzen Sie die passenden Wörter in den folgenden Dialogen.

1 Anruf in der Firma

Besserung ▪ Gesundheit ▪ erkältet

● Mir geht es heute nicht gut. Ich bin ziemlich *erkältet* .... Hatschi! Entschuldigung.

▪ .... !

● Danke. Ich glaube, ich kann heute nicht kommen und gehe erst einmal zum Arzt.

▪ In Ordnung, und gute .... !

2 Terminvereinbarung beim Arzt

Termin ▪ Erkältung ▪ Versichertenkarte

● Guten Tag, mein Name ist Alkan. Ich habe eine starke ....

Kann ich bitte einen .... bekommen?

● Ja, kommen Sie am besten gleich vorbei.

▪ Ja, danke.

● Gut, Herr Alkan. Und bringen Sie bitte Ihre .... mit.

3 In der Sprechstunde

Tabletten ▪ starke Kopfschmerzen ▪ Rezept ▪ Tropfen ▪ Husten und Schnupfen

● Guten Tag, was fehlt Ihnen denn?

▪ Tag, Herr Doktor. Ich habe .... und

außerdem ....

● Gut, dann schaue ich mir das mal an.

● Also, ich verschreibe Ihnen jetzt .... gegen den Husten. Die nehmen Sie

dreimal am Tag. Und gegen die Kopfschmerzen bekommen Sie ....

Hier ist Ihr .... Und trinken Sie viel, am besten Tee. Das ist wichtig.

ⓑ Welches Verb passt? Ordnen Sie zu.

a sein ▪ b nehmen ▪ c haben

1 ☐ eine Erkältung ▪ Fieber ▪ (einen) hohen Blutdruck ▪ Kopfschmerzen ▪ Husten ▪
Schnupfen ▪ Grippe ▪ Probleme mit dem Magen
2 ☐ Tabletten ▪ Tropfen ▪ Medikamente ▪ Medizin
3 ☐ erkältet ▪ müde ▪ gebrochen ▪ verletzt ▪ betrunken

ⓒ Welches Verb passt? Kreuzen Sie an.

1 Mir ist ☐ macht ☐ nicht gut.
2 Plötzlich ist mir ganz schlecht geworden ☐ bekommen ☐.
3 Ich habe mich am Arm verletzt ☐ gebrochen ☐.
4 Ich habe mir das Bein gebrochen ☐ geblutet ☐.
5 Die Wunde hat stark verletzt ☐ geblutet ☐.

Das tut gut! | LEKTION ❼

11 **a** Formulieren Sie Sätze mit *bei* wie im Beispiel.

1 Wenn man Schnupfen hat, sollte man viel Tee trinken.

Bei Schnupfen sollte man viel Tee trinken.

2 Wenn man eine Erkältung hat, sollte man Obst mit viel Vitamin C essen.

3 Wenn man Fieber hat, muss man im Bett bleiben.

4 Wenn man Hautprobleme hat, kann man diese Salbe nehmen.

b Formulieren Sie Sätze mit *helfen bei* oder *ist gut gegen* wie im Beispiel.

1 Pfefferminzöl – leichte Kopfschmerzen

Pfefferminzöl hilft bei leichten Kopfschmerzen.
Pfefferminzöl ist gut gegen leichte Kopfschmerzen.

2 Tee – Schnupfen

3 Lindenblütentee – Husten und Heiserkeit

c Akkusativ oder Dativ? Kreuzen Sie an und notieren Sie ein Beispiel aus b.

	Akkusativ	Dativ	
bei +	☐	☐	
gegen +	☐	☐	

12 Modalverben im Kontext

a Was man alles „kann".

1 Ordnen Sie die Sätze 1–7 den Zeichnungen zu.

A ☐ B ☐ C ☐ D ☐ E ☐ F ☐ G ☐

1 Mit diesem Bein kann ich unmöglich Auto fahren.
2 Kann ich dir vielleicht helfen?
3 Ich bin jetzt am Bahnhof. Kannst du mich mit dem Auto abholen?
4 Ich glaube schon, dass er gut fahren kann.
5 Stop! Hier können Sie nicht mit dem Auto durchfahren. Aber Sie können Ihr Auto da drüben in die Tiefgarage stellen.
6 Ja, das geht. Morgen kannst du das Auto haben.
7 Wir können auch mal mit dem Zug in die Berge fahren.

2 Ordnen Sie die Bedeutung von *können* den Sätzen in 1 zu.

a Fähigkeit: Man hat gelernt, wie man etwas macht. / Man weiß etwas. ⬚

b Aufforderung: Man bittet jemanden darum, etwas zu tun. ⬚

c Keine Möglichkeit: Etwas geht oder funktioniert im Moment nicht. ⬚

d Vorschlag: Man schlägt vor, etwas zu tun. ⬚

e Erlaubnis oder Verbot: Man darf etwas (nicht) tun. ⬚

f Möglichkeit: Etwas geht / geht nicht. ⬚

g Frage nach einem Wunsch: Möchtest du, dass ich etwas für dich tue? ⬚

ⓑ Bitten und Wünsche

Was passt? Kreuzen Sie an. Es gibt manchmal mehrere Möglichkeiten.
Formulieren Sie alle Lösungssätze in Ihrer Muttersprache.

1 Ich möchte ⬚ sollte ⬚ bitte ein Glas heiße Milch mit Honig.

2 Mama, darf ⬚ kann ⬚ soll ⬚ ich am Wochenende bei Lisa übernachten?

3 Ich will ⬚ möchte ⬚ muss ⬚ diesen Film nicht noch mal sehen!

4 Wir sollten ⬚ würden gern ⬚ wollen ⬚ eine Woche Urlaub nehmen.

ⓒ *müssen* und *sollen*

49 1 Was muss der Angestellte tun? Hören Sie drei Hörtexte. Welcher Hörtext passt? Kreuzen Sie an.

Hörtext **A** ⬚
Hörtext **B** ⬚
Hörtext **C** ⬚

50 2 Am Montagnachmittag im Büro. Hören Sie den Text und lesen Sie den Notizzettel.
Ergänzen Sie dann die Modalverben in der Sprechblase. Vergleichen Sie dann mit dem Lösungsschlüssel.

– Zugverbindung heraussuchen
– Fahrkarte kaufen
– Unterlagen kopieren
– Termin vereinbaren

Was ist denn los?

Ich ...soll... Fahrkarten kaufen.
Dann .... ich noch ein Hotel
buchen. Und die ganzen Unterlagen
.... ich auch noch kopieren.
Wie .... ich das alles in
einer Stunde schaffen? Ach ja, und
ich .... noch einen Termin
vereinbaren.

d *müssen, nicht brauchen, sollen, jemand sollte*
Lesen Sie die folgenden Sätze und ordnen Sie die Bedeutung zu.

1 Warte, ich muss noch telefonieren.   ☐   a Es wäre gut.
2 Wir sollen das morgen besprechen.   ☐   b Der Chef hat das gesagt.
3 Du brauchst die Kinder nicht vom Kindergarten abzuholen. ☐   c Es ist wichtig.
4 Ich sollte mal wieder zum Friseur gehen.   ☐   d Es ist nicht nötig.

e **Ihre Woche: Was steht bei Ihnen auf dem Programm? Notieren Sie.**

1 Was müssen Sie tun?
2 Was sollen Sie tun?
3 Was sollten Sie tun?
4 Was brauchen Sie nicht (mehr) zu tun?

f **Korrigieren Sie die Fehler in den folgenden Sätzen. Notieren Sie das passende Modalverb.**

1 Hier muss man nicht rauchen.
2 Wir sollen mal wieder essen gehen.

g *können, dürfen, müssen, möchten*: **Im Gespräch kann das Modalverb**
oft alleine verwendet werden. Welche „Antwort" passt? Ordnen Sie zu.

1 Ich habe solche Schmerzen.   d   a Kein Problem, Französisch kann ich gut.
2 Wir parken einfach hier!   ☐   b Da kann ich leider nicht.
3 Bleib doch noch ein bisschen.   ☐   c Das darf man aber nicht!
4 Wir trinken Kaffee, und du?   ☐   d Dann musst du zum Arzt!
5 Hast du am Montag Zeit?   ☐   e Ich möchte auch einen.
6 Mama, ich muss mal.   ☐   f Tut mir leid, ich muss jetzt los.
7 Was steht in dieser Mail?   g Dahinten ist die Toilette!
   Können Sie das übersetzen?   ☐

13 **Verschiedene Modalverben**

a **Ergänzen Sie die Modalverben in der passenden Form.**
Es gibt manchmal mehrere Möglichkeiten.

wollen ▪ können ▪ möchten ▪ dürfen ▪ müssen ▪ sollen

1 In Wien _kann_ man viele tolle Sachen machen.

2 Ich .... leider nicht so weit laufen. Ich habe Schmerzen im linken Fuß.

3 Solange ich Fieber habe, ... ich im Bett bleiben, hat der Arzt gemeint.

4 Ich .... gern einen Apfelsaft.

5 Ich .... mich am Wochenende ausruhen und gar nichts tun.

6 .... man bei euch im Restaurant noch rauchen?

7 Ich mache eine kleine Party. Du .... gern auch noch jemanden mitbringen.

8 Ich .... das leider nicht lesen. Die Schrift ist zu klein.

9 Ich .... jetzt los! Um 10 Uhr ist mein Bewerbungsgespräch. Da .... ich nicht
   zu spät kommen.

10 Sie .... dort nicht mehr anrufen. Das habe ich schon gemacht.

11 Der Film ist nicht schlecht. Den .... du dir mal anschauen.

ⓑ Hören Sie die Sätze in a und vergleichen Sie sie mit Ihren Lösungen.
Sprechen Sie die Sätze nach.

ⓒ Wie würde man die Sätze in Ihrer Muttersprache formulieren? Schreiben Sie.

SÄTZE BAUEN: über das Befinden sprechen ······▶ zu Kursbuch Seite 76

14 **ⓐ** In der Apotheke

Was sagt der Kunde (K), was der Apotheker (A), was können beide sagen (B)? Notieren Sie.

1 ..K.... Ich bin hingefallen und blute am Knie.

2 .... Was kann ich für Sie tun?

3 .... Haben Sie Fieber?

4 .... Ich brauche ein Medikament gegen Bauchschmerzen.

5 .... Dann gebe ich Ihnen einen Erkältungstee.

6 .... Guten Tag.

7 .... Das hilft bestimmt.

8 .... Da kann ich nicht helfen. Sie müssen zum Arzt.

9 .... Die nehmen Sie dreimal am Tag.

10 .... Ich fühle mich ziemlich müde.

11 .... Vielen Dank.

12 .... Auf Wiedersehen.

13 .... Können Sie mir da helfen?

14 .... Und gute Besserung!

ⓑ Bringen Sie den Dialog in die richtige Reihenfolge.

Apotheker/in

1 ◆ Ja, natürlich. Seit wann haben Sie denn
die Kopfschmerzen?

2 ◆ Auf Wiedersehen, und gute Besserung!

3 ◆ Dann gebe ich Ihnen jetzt mal diese Tabletten.
Die helfen sicher. Aber wenn es nicht
besser wird, sollten Sie zum Arzt gehen.

4 ◆ Kennen Sie japanisches Pfefferminzöl?
Das ist gut gegen Kopfschmerzen.

5 ◆ Guten Tag, was kann ich für Sie tun?

Kunde/Kundin

6 ● Auf Wiedersehen.

7 ● Erst seit gestern.
Aber sie gehen nicht weg.

8 ● Gut, das mache ich, vielen Dank.

9 ● Guten Tag. Haben Sie etwas gegen Kopfschmerzen?

10 ● Ja, aber das hilft nicht so richtig.
Die Schmerzen sind sehr stark.

5									

SÄTZE BAUEN: jemandem etwas raten ······▶ zu Kursbuch Seite 76

15 **ⓐ** Lesen Sie die folgenden Sätze. Welche drücken eine Empfehlung aus? Kreuzen Sie an.

1 ☐ Was kann ich für Sie tun?

2 ☐ Nehmen Sie doch diese Salbe, die hilft.

3 ☐ Sie sollten zu einem Arzt gehen.

4 ☐ Haben Sie etwas gegen Kopfschmerzen?

5 ☐ Sie müssen sofort zum Arzt.

6 ☐ Ich würde diesen Tee empfehlen.

7 ☐ Ich gebe Ihnen einen Erkältungstee.

8 ☐ Am besten, Sie ruhen sich erst mal aus.

ⓑ Geben Sie Empfehlungen mit den angekreuzten Wendungen und Ausdrücken aus a.

----
dreimal täglich eine Tablette nehmen ■ im Bett bleiben ■ viel trinken ■ das Bein nicht bewegen ■
keine fetten Sachen essen

Nehmen Sie dreimal täglich eine Tablette.

C   Man ist, was man isst

WORTSCHATZ: Lebensmittel und Ernährung ·······▶ zu Kursbuch Seite 77

16   Lebensmittel

ⓐ   Sehen Sie sich die Bilder an und ordnen Sie die Namen zu.

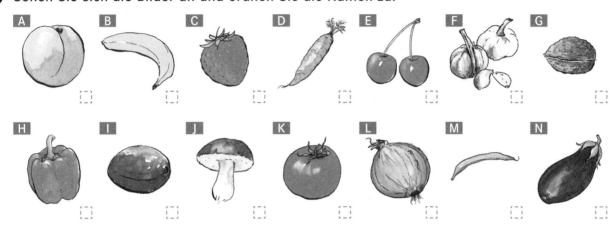

a der Knoblauch ▪ b die Zwiebel, -n ▪ c der Pilz, -e[1] ▪ d die Karotte, -n[2] ▪ e die Paprika, -s ▪
f die Aprikose, -n[3] ▪ g die Pflaume, -n ▪ h die Tomate, -n[4] ▪ i die Erdbeere, -n ▪ j die Banane, -n ▪
k die Nuss, Nüsse ▪ l die Kirsche, -n ▪ m die grüne Bohne, die grünen Bohnen[5] ▪ n die Aubergine, -n[6]

[1] das Schwammerl, -n (A); der Schwamm, Schwämme (CH)   [2] die gelbe Rübe, -n (A)
[3] die Mirabelle, -n (A)   [4] der Paradeiser, - (A)   [5] die Fisole, -n (A)   [6] die Melanzani, - (A)

ⓑ   Wenn Sie essen gehen: Was muss auf der Speisekarte stehen? Kreuzen Sie an.

Bratwurst ☐ ▪ Eisbecher ☐ ▪ Ente ☐ ▪ Gemüse ☐ ▪ Hähnchen / Hend(e)l (A) / Güggeli (CH) ☐ ▪
Huhn / Hend(e)l (A) / Poulet (CH) ☐ ▪ Kaffee mit Schlagsahne / Obers (A) / Schlagrahm (CH) ☐ ▪
Kalbschnitzel ☐ ▪ Kartoffeln / Erdäpfel (A) ☐ ▪ Klöße / Knödel ☐ ▪ Kuchen ☐ ▪ Nudeln ☐ ▪
Obst ☐ ▪ Pizza ☐ ▪ Reis ☐ ▪ Rindersteak ☐ ▪ Salat ☐ ▪ Schokoladentorte ☐ ▪ Schweinebraten ☐ ▪
Spaghetti ☐ ▪ Wiener Würstchen / Frankfurter Würstchen (A) / Wienerli (CH) ☐

ⓒ   Was essen Sie gern zum Frühstück? Kreuzen Sie an.

Brot ☐ ▪ Brötchen / Semmel (süddeutsch / A) / Weggeli (CH)[1] ☐ ▪ Butter ☐ ▪ Eier mit Speck ☐ ▪
Fisch ☐ ▪ Honig ☐ ▪ Joghurt ☐ ▪ Käse ☐ ▪ Margarine ☐ ▪ Marmelade / Konfitüre (CH) ☐ ▪ Müsli ☐ ▪
Obst ☐ ▪ Pudding ☐ ▪ Quark / Topfen (A) ☐ ▪ Schinken ☐ ▪ Suppe ☐ ▪ Wurst ☐

[1] Für Brötchen gibt es zahlreiche regionale Begriffe.

ⓓ   Was passt Ihrer Meinung nach zu …? Ordnen Sie zu.

a Zucker ▪ b Salz ▪ c Pfeffer ▪ d Senf ▪ e Ketchup ▪ f Mayonnaise ▪ g Essig ▪ h Öl ▪ i Zitrone ▪ j Milch

1 Würstchen	....	4 Kaffee	....
2 Pommes frites	....	5 Fisch	....
3 Salat	....		

e Was essen Sie am liebsten, wenn es mal etwas Süßes sein muss? Kreuzen Sie an.

Bonbons	☐	Kuchen	☐
Pralinen	☐	Schokolade	☐
Eis / Glace (CH)	☐	Nachspeisen wie Pudding, Cremes usw.	☐
Torte	☐	Plätzchen / Keks (A) / Guetzli (CH)*	☐

* Es gibt regional sehr verschiedene Begriffe.

f Welches Fleisch verwendet man in Ihrer heimatlichen Küche häufig?

Geflügel ☐ ■ Lammfleisch ☐ ■ Hackfleisch ☐ ■ Rindfleisch ☐ ■ Schweinefleisch ☐ ■ Kaninchen ☐ ■ ...

17 Essen und Trinken im Restaurant. Schreiben Sie den passenden Begriff zu der Erklärung.

Kantine ■ Gasthaus ■ Kneipe ■ Vorspeise ■ Hauptgericht ■ Nachspeise ■ Beilage ■ Bedienung ■ Selbstbedienung

1 Nachspeise .... das Dessert, der Nachtisch

2 .... wenn man sich das Essen selbst holen muss

3 .... zum Beispiel Reis oder Nudeln als Teil eines Hauptgerichts

4 .... Person, die das Essen bringt (der Kellner / die Kellnerin)

5 .... ein einfaches Lokal, in dem man etwas trinkt

6 .... Hauptgang bei einem Menü

7 .... Restaurant in einer Firma

8 .... erster Gang eines Menüs

9 .... deutsches Wort für „Restaurant", oft mit Zimmern zum Übernachten

18 Wie schmeckt's?

a Wie heißt das Gegenteil? Ordnen Sie zu.

1	Sind die Äpfel sauer?	☐	a	Nein, es ist ganz mager.
2	Ist die Soße sehr scharf?	☐	b	Nein, ich finde sie süß.
3	Ist das Fleisch fett?	☐	c	Nein, es ist vegetarisch.
4	Und das Brot? Ist das alt?	☐	d	Nein, nur gekocht oder gebraten.
5	Mögen Sie rohen Fisch?	☐	e	Nein, keine Angst, sie ist ganz mild.
6	Ist das Essen mit Fleisch?	☐	f	Nein, es ist ganz frisch.

b Ergänzen Sie bis zu drei passende Speisen (auch aus Ihrer heimatlichen Küche).

1 Was ist scharf? ....

2 Was ist salzig? ....

3 Was ist lecker? ....

4 Was ist gesund? ....

5 Was wird gegrillt? ....

6 Was wird gekocht? ....

7 Was wird gebacken? ....

8 Was wird gebraten? ....

c Hier ist einiges durcheinander gekommen. Korrigieren Sie wie im Beispiel. Vergleichen Sie mit dem Lösungsschlüssel.

1 ein Kasten Käse   *Mineralwasser*
2 eine Dose Pommes frites ....
3 ein Stück Milch   ....
4 eine Packung Mineralwasser ....
5 eine Schachtel Thunfisch ....
6 ein Glas Reis   ....
7 eine Portion Pralinen   ....

SÄTZE BAUEN: einen Kurzvortrag halten ┄┄▶ zu Kursbuch Seite 77

19 Sie haben schon einige Ergebnisse präsentiert (Lektion 2, Aufgabe 24; Lektion 6, Aufgabe 10). Nun halten Sie einen kurzen Vortrag.

a Lesen Sie die folgenden Wendungen und Ausdrücke und ordnen Sie sie den Abschnitten A, B und D des Kurzvortrags zu.

a Dann berichte ich darüber, … ■ **b** Haben Sie/Habt ihr noch Fragen? ■ **c** Ich erzähle Ihnen/euch auch, … ■ **d** Ich möchte Ihnen/euch erzählen / berichten / zeigen, was … / wie … / … ■ **e** Zuerst erzähle ich Ihnen/ euch, was / … ■ **f** Zum Schluss erzähle ich noch/zeige ich noch …

	Abschnitt eines Kurzvortrags	Wendungen und Ausdrücke
A	Ich sage, worum es in meinem Kurzvortrag geht.	*d*
B	Ich sage kurz, wie ich meinen Kurzvortrag aufbaue (was ich zuerst sage, was danach und was zum Schluss).	....
C	Hauptteil: Ich sage hier alles, was ich zu dem Thema sagen möchte. (Dazu habe ich mir Fragen / Inhaltspunkte auf Folien notiert)	Die Wendungen und Ausdrücke des Hauptteils hängen vom Inhalt des Vortrags ab, siehe Aufgabe b.
D	Schluss: Ich stelle eine Frage an die Zuhörer.	....

ⓑ **Welche Wendungen und Ausdrücke können Sie in Abschnitt C (Hauptteil) verwenden?**

Beispiel: So isst man in meiner Heimat (Thema A, siehe Kursbuch, Seite 100, Folien 1–5).
Ergänzen Sie diese Folien auch mithilfe der folgenden Wendungen und Ausdrücke. Sie können aber auch
Wendungen und Ausdrücke ergänzen, die Sie bisher gelernt haben. (Sie finden Wendungen und Ausdrücke
im Kursbuch am Ende jeder Lektion oder auf Ihrer Lerner-CD-ROM.)

Zum Frühstück / Mittagessen / ... isst man ... ◼ Frühstück essen wir um ... ◼ Zum Frühstück isst
man bei uns nichts / sehr viel, nämlich ... ◼ Abends / ... isst die ganze Familie zusammen. Da gibt es ... ◼
Am liebsten essen wir ... Also das ist ...

Zusätzliche Wendungen und Ausdrücke

Am liebsten ... ◼ Sehr oft ... ◼ Weil wir ..., essen wir am liebsten / am meisten / häufig ... ◼ Uns / Mir ist ...
sehr wichtig / nicht so wichtig, dass ... / .... ◼ Als ich einmal ... / Einmal habe ich ... ◼ Jetzt lebe ich in ... und ...

TEXTE BAUEN: einen Kurzvortrag halten ┈┈┈▸ zu Kursbuch Seite 77

20 **Ein Kurzvortrag**

ⓐ **Was ich in meiner Freizeit am liebsten mache.**
Lesen und hören Sie den Vortrag. Welcher Abschnitt enthält welche Informationen?
Lesen Sie den Vortrag dann noch einmal.

A	Worum es geht	Ich möchte Ihnen heute erzählen, was ich in meiner Freizeit am liebsten mache.
B	Wie der Kurzvortrag aufgebaut ist	Zuerst erzähle ich ganz allgemein etwas über mein Hobby. Dann berichte ich darüber, wann ich damit angefangen habe und wie oft ich das mache. Zum Schluss erzähle ich noch, was ich am liebsten mache und warum mir dieses Hobby so viel Spaß macht.
C	Hauptteil	
	C1 Allgemeines über das Hobby	In meiner Freizeit singe ich in einem Chor. Wir singen Volkslieder aus verschiedenen Ländern, zum Beispiel aus Russland, aus Italien, Spanien, der Türkei. Wir sind acht Frauen und acht Männer und der Chorleiter.
	C2 Wann angefangen und wie oft	Ich habe schon als Kind sehr gern gesungen, aber dann leider lange nicht mehr. Vor vier Jahren hat mir eine Freundin von dem Chor erzählt und ich bin einfach mitgegangen. Das hat mir sehr gut gefallen! Und seitdem mache ich da mit. Wir treffen uns einmal in der Woche.
	C3 Was am Hobby schön ist	Am liebsten singe ich Volkslieder aus Lateinamerika. Die haben so viel Rhythmus, dass man am liebsten tanzen möchte.
	C4 Warum das Hobby schön ist	Das Singen in so einem Chor macht immer gute Laune, auch wenn man sich mal nicht so gut fühlt. Das ist auch so, weil man mit netten Leuten zusammen ist und gemeinsam etwas macht. Unsere Konzerte sind dann auch immer ein großer Erfolg. Das finde ich einfach toll!
D	Ende	Also das war's zu meinem Hobby, dem Singen. Haben Sie vielleicht noch Fragen?

b Im Kursbuch auf Seite 96 haben Sie gelernt, ein Ergebnis vorzustellen.
Machen Sie aus dieser Ergebnis-Präsentation einen Kurzvortrag.
Denken Sie dabei auch an die Abschnitte A, B und D.
Die Inhaltspunkte für den Hauptteil (Abschnitt C) haben Sie schon im Kursbuch notiert.

c Und was machen Sie gern in Ihrer Freizeit?
VERTIEFUNG Bereiten Sie jetzt selbst einen kurzen Vortrag über das Thema vor.

1 Notieren Sie zuerst Stichpunkte zu Ihrer Freizeitbeschäftigung.

2 Wählen Sie dann Ihre Wendungen und Ausdrücke aus (Aufgabe 19) oder
ergänzen Sie andere, die Sie für Ihren Kurzvortrag benutzen möchten.

3 Formulieren Sie jetzt Ihren Vortrag in Stichpunkten.
Abschnitt A und B: Stellen Sie Ihr Thema vor. Erklären Sie den Inhalt und die Struktur Ihres Vortrags.
Hauptteil C: Berichten Sie über Ihr Hobby, sagen Sie etwas zu den Inhaltspunkten C1–C4.
Schluss: Finden Sie einen Schlusssatz.

4 Üben Sie Ihren Kurzvortrag jetzt für sich selbst.

5 Wenn Sie die Möglichkeit haben, halten Sie ihn vor einer Gruppe. Beantworten Sie dann Fragen.

6 Überlegen Sie jetzt noch einmal. Haben Sie alles gesagt, was Sie sagen wollten?

7

D Die Kraft der Meditation

GRAMMATIK: Bedingungssatz mit *wenn* ·······▶ zu Kursbuch Seite 78

21 Geben Sie Ratschläge wie im Beispiel.

1 Ich möchte abnehmen. (wenig Süßigkeiten essen)
Wenn Sie abnehmen möchten, dann sollten Sie wenig Süßigkeiten essen.

2 Ich möchte mich entspannen. (lange Spaziergänge machen)

3 Ich möchte den Stress reduzieren. (für ein paar Tage verreisen)

4 Ich möchte besser schlafen. (abends nicht viel essen)

5 Ich möchte fit bleiben. (sich regelmäßig bewegen)

22 Wenn alles ganz anders wäre
Schreiben Sie Sätze wie im Beispiel.

1 nicht so faul sein – mehr Sport machen

Wenn ich nicht so faul wäre, würde ich mehr Sport machen.

2 weniger Schmerzen haben – sich besser fühlen

....

3 nicht so viel Schokolade essen – nicht zunehmen

....

4 an nichts denken müssen – sich entspannen können

....

5 besser schlafen – morgens entspannter sein

....

23 Würden Sie das machen?

ⓐ Jemand bietet Ihnen an, etwas auszuprobieren.
Mit welchen der folgenden Wendungen und Ausdrücke drücken Sie eher Interesse aus (+),
mit welchen, dass Sie kein Interesse haben (–)?

1 ⊞ Also, ich hätte Lust dazu. Vielleicht wäre ich dann …
2 ☐ Ich würde das nicht machen, ich habe keine Zeit.
3 ☐ Wenn ich dann wirklich besser … , dann würde ich …
4 ☐ Ich weiß nicht genau. Ich glaube, ich brauche das nicht.
5 ☐ Mir ist … wichtig! Ich glaube, ich würde das ausprobieren.
6 ☐ Ich würde das machen, vielleicht würde ich dann …
7 ☐ Ich würde das nicht machen, ich habe kein Interesse an …

ⓑ Sie bekommen vier Gutscheine.
Formulieren Sie Ihre Reaktionen mithilfe der Wendungen und Ausdrücke in a.

G u t s c h e i n

Extremsportarten

*2-Tage-Schnupperkurs –
kostenlos*

*Abendessen
und Kochkurs*

in einem vegetarischen Bio-Restaurant

Gutschein für einen Drei-Tage-Kurs

*Möchten Sie Ihre
Pralinen selber machen?*

schnupperkurs für nur 10 Euro.

Gutschein
für einen Grammatikkurs.

Jeden Tag acht Stunden
intensives
Grammatiktraining

24 Wiederholungsübung zu langen und kurzen Vokalen

53 **a** Hören Sie zu. Welche Vokale werden lang gesprochen?
Markieren Sie sie. Hören Sie dann noch einmal und sprechen Sie nach.

kochen – ernähren – nehmen – trinken – trennen – essen – wählen
fühlen – hören – spüren – sehen – schmecken – riechen – gucken – schauen
stehen – gehen – laufen – rennen – kommen – tanzen – springen – fahren
lesen – schreiben – lernen – sprechen
machen – tun – geben – holen – bringen – suchen – finden – spielen

54 **b** Achten Sie auf die Vorsilben bei trennbaren Verben. Hören Sie die Verben
und die Beispielsätze. Werden die Vorsilben betont? Sprechen Sie nach.

aufstehen	Ich stehe nicht gern früh auf.	aufhören	Wann hört sie endlich damit auf?
einkaufen	Morgen kaufe ich ein.	ankommen	Wann kommen wir endlich an?
anfangen	Wann fängst du damit an?	abfahren	Achtung, der Zug fährt gleich ab.

55 **c** Achten Sie auf die Vorsilben bei nicht trennbaren Verben. Hören Sie die Verben und die
Beispielsätze. Wo liegt die Betonung? Markieren Sie sie und sprechen Sie nach.

versprechen	Das verspreche ich dir.	verbieten	Ich verbiete es dir.
vergessen	Das habe ich vergessen.	verstehen	Das verstehe ich nicht.
frühstücken	Ich frühstücke eigentlich nicht.	versuchen	Komm, versuch es doch wenigstens.
erlauben	Erlaubst du mir das?	bekommen	Kann ich noch ein Brötchen bekommen?
verbringen	Wo verbringen Sie Ihren Urlaub?		

25 Lesen Sie die Aufgaben 1–4 und den Text auf Seite 118.
Welche Aussage ist richtig? Kreuzen Sie an.

1 Handys
  a sind im Fitnessstudio verboten.
  b dürfen in bestimmten Räumen des Fitnessstudios benutzt werden.
  c sind erlaubt, wenn man leise spricht.

2 Das Fitnessstudio
  a prüft die Gesundheit der Mitglieder.
  b ist nicht für die Gesundheit der Mitglieder verantwortlich.
  c bietet spezielle Trainingsprogramme für Mitglieder mit Verletzungen.

3 Man soll Wertgegenstände und elektronische Geräte
  a möglichst nicht ins Fitnessstudio mitbringen.
  b in den Schließfächern des Fitnessstudios sicher einschließen.
  c im Fitnessstudio immer bei sich tragen.

4 Man darf eigene Speisen und Getränke
  a nicht ins Fitnessstudio mitbringen.
  b mitbringen und im Thekenbereich essen und trinken.
  c mitbringen, aber im Fitnessstudio nicht esssen und trinken.

Hausordnung des Fitness-Studio Linzert

Allgemein

Die Hausordnung ist für alle Mitglieder/Besucher des Fitness-Studios Linzert verbindlich. Mit dem Betreten des Studios erkennt jeder Besucher die Hausordnung an.
Besucher, die gegen die Hausordnung verstoßen, können ein Verbot bekommen, das Fitnessstudio zu betreten. In solchen Fällen wird der Mitgliedsbeitrag nicht zurückbezahlt.
Die Trainierenden dürfen die Sicherheit, die Ruhe und die Ordnung nicht stören.
Im gesamten Gebäude besteht Rauchverbot.
Handys sind leise zu benutzen.
Mit dem Training sollte nicht später als ein halbe Stunde vor Schließen des Studios begonnen werden.
Der Nutzer versichert, körperlich gesund zu sein und insbesondere nicht an Krankheiten oder Verletzungen zu leiden.

Haftung

Die Trainierenden benutzen die Einrichtungen auf eigene Gefahr. Wenn es durch ein Mitglied zu einem Schaden an der Einrichtung oder an Geräten kommt, muss das Mitglied den Schaden bezahlen. Für Wertgegenstände und elektronische Gegenstände wird auch in den Schließfächern keine Haftung übernommen. Es wird ausdrücklich empfohlen, solche Gegenstände nicht mitzubringen.
Eltern haften für ihre Kinder.

Nutzung und Kleidung

Bitte achten Sie darauf, alle Einrichtungsgegenstände unserer Fitness-Anlage gut zu behandeln.
Der Verzehr von mitgebrachten Speisen und Getränken ist im Trainings- und Thekenbereich nicht erlaubt.
Bitte tragen Sie in den Trainingsräumen keine Sportschuhe, die Sie bereits im Freien benutzt haben. Das Tragen von Flip-Flops und Sandalen ist im Trainingsraum nicht erlaubt.
Die Hausordnung ist Vertragsbestandteil und für jedes Mitglied bindend.

Ihre Studioleitung

26
56

Hören Sie die Texte 1–5 und kreuzen Sie die richtige Lösung an.

Text **1**

1 Sie hören einen telefonischen Anrufbeantworter eines Skigebiets.   richtig ☐   falsch ☐
2 Wo kann man zurzeit Ski fahren?
- a nur auf dem Berg.
- b im gesamten Skigebiet.
- c auf allen Pisten der Region.

Text **2**

1 Frau Soller ruft bei ihrem Hausarzt an.   richtig ☐   falsch ☐
2 Die Praxismitarbeiterin sagt, Frau Soller
- a soll in der Mittagszeit kommen.
- b kann heute nicht mehr kommen.
- c soll sofort in die Praxis kommen.

Text **3**

1 Sie hören Verkehrsinformationen eines Radiosenders.   richtig ☐   falsch ☐
2 Der Verkehr auf den Straßen
- a ist noch nicht so stark.
- b nimmt langsam zu.
- c staut sich an einer Baustelle.

Text **4**

1 Sie hören eine Durchsage am Bahnhof.   richtig ☐   falsch ☐
2 Es gibt eine Änderung
- a des Abflugschalters.
- b der Startzeit.
- c des Flugplans.

Text **5**

1 Susi möchte am Wochenende etwas unternehmen.   richtig ☐   falsch ☐
2 Susis Freund möchte am liebsten
- a einen Spaziergang machen.
- b im Freien etwas essen.
- c in eine Bar gehen.

A Hauptsache teilnehmen

WORTSCHATZ: Sport ·······▶ zu Kursbuch Seite 82

1 Mögen Sie Sport?

a Welche Sportarten gefallen Ihnen oder welche machen Sie selbst? Kreuzen Sie an.
Ist „Ihre" Sportart nicht dabei? Ergänzen Sie sie.

Bergsteigen ☐ ■ Eislaufen ☐ ■ Eishockey ☐ ■ Fußball ☐ ■ Fitnesstraining ☐ ■ Golf ☐ ■
Gymnastik ☐ ■ Joggen ☐ ■ Klettern ☐ ■ Radfahren ☐ ■ Autorennen ☐ ■ Schwimmen ☐ ■
Segeln ☐ ■ Skifahren ☐ ■ Tauchen ☐ ■ Tennis ☐ ■ Turnen ☐ ■ Surfen ☐ ■ ...

b Welche Verben passen nicht? Streichen Sie sie durch.

1 Ich treibe ■ übe ■ spiele ■ trainiere ■ tue ■ mache Sport.
2 Mein Mann treibt ■ spielt ■ trainiert ■ übt Tennis.
3 Unsere Profimannschaft hat ■ übt ■ spielt ■ heute Training.

c Was machen diese Sportler? Schreiben Sie.
Wohin müssen diese Sportler? Ordnen Sie zu.

1 ☐ g .... a auf Wanderwege

2 ☐ .... b in die Sporthalle / auf die Tanzfläche

3 ☐ .... c in die Berge / auf die Skipisten

4 ☐ .... d auf den Tennisplatz / in die Tennishalle

5 ☐ .... e auf den Fußballplatz / in die Sporthalle

6 ☐ .... f in die Eissporthalle / ins Eisstadion

7 ☐ *wandern*...................................... g auf Fahrradwege

8 ☐ *Ski fahren*................................... h in die Schwimmhalle / ins Schwimmbad

d Ergänzen Sie die passenden Präpositionen.

auf dem (2x) ■ im ■ in der ■ in die ■ ~~ins~~

1 Ich habe Lust zu baden. Kommst du mit *ins*........................ Schwimmbad?

2 Das Spiel findet .... Stadion am Lerchenweg statt.

3 Wir wollen am Wochenende .... Berge, wandern.

4 Fahr doch .... Radweg. Das ist sicherer.

5 Komm schnell. Das Spiel fängt gleich an. Die Spieler sind schon alle .... Platz.

6 Bei schlechtem Wetter findet das Spiel .... Sporthalle statt.

e Welche Ausdrücke passen? Kreuzen Sie an.

1 Wo findet heute das Fußballspiel Schwerin gegen Rostock statt? –
Ich glaube auf der Wiese ☐ im Stadion ☐ im Klub ☐ .

2 Wie finden Sie, dass Ihre Mannschaft heute verloren hat? –
Macht nichts: Gewinnen ☐ Teilnehmen ☐ Verlieren ☐ Siegen ☐ ist doch das Wichtigste.

3 Wir fragen jetzt den Trainer der Nationalmannschaft: Wie zufrieden sind Sie? –
Sehr, das ist doch ein schlechtes Resultat. ☐ gutes Ergebnis. ☐ schlechtes Tor. ☐

4 Und was machen Sie hier? – Nichts, deshalb bin ich doch das faulste Mitglied hier
im Stadion. ☐ im Sportverein. ☐ im Olympiateam. ☐

GRAMMATIK: Negation ········▶ zu Kursbuch Seite 83

2 **a** Ergänzen Sie die Sätze wie im Beispiel. Achten Sie auf die korrekte Form von *kein-*.

WIEDERHOLUNG

1 Du weißt doch, ich mag *keine Äpfel* .... (Äpfel)

2 Nein, ich brauche wirklich .... Hier, der alte ist doch noch in Ordnung.
(einen neuen Mantel)

3 Ich habe heute .... bekommen. Irgendetwas stimmt mit dem Computer nicht.
(E-Mails)

4 Wir haben .... , ... , ... ! Wie soll ich denn dann einen Kuchen backen?
(Zucker, Mehl, Eier)

b Ein kleines Wort verändert die Welt. Ergänzen Sie *nicht* wie im Beispiel.

WIEDERHOLUNG

1 Du weißt doch, ich mag *diese Äpfel nicht* .... (diese Äpfel)

2 Wenn du mich fragst: Mir gefällt .... (der neue Mantel)

3 Ich habe .... bekommen. (Ihre E-Mail)

4 Entschuldige, ich habe .... abgeholt. (die Bücher)

c Wo steht *nicht*? Lesen Sie die Sätze und markieren Sie *nicht* wie im Beispiel.

1 Ich heirate dich nicht.
2 Ich möchte nicht Lehrer werden.
3 Hallo, hörst du mich, ich habe die Führerscheinprüfung nicht bestanden!
4 Ich möchte dir die Geschichte nicht erzählen.
5 Ich möchte dieses Jahr nicht an den Wolfgangsee fahren.

d Lesen Sie jetzt die Regel und ergänzen Sie die Sätze aus c.

Regel: *nicht* steht am Satzende; aber vor Verb 2 / vor Verb 2 mit Ergänzung.

Satzanfang	Verb 1	Satzmitte	Satzende nicht	Verb 2 (mit Ergänzung)
Ich	heirate	dich	nicht.	
Ich	möchte		nicht	Lehrer werden.
....	....	....	....	....
....	....	....	....	....
....	....	....	....	....

e Diese Menschen lügen. Korrigieren Sie die Aussagen, indem Sie die Sätze verneinen.

1 Ich bin ein lieber Mensch. Ich habe der armen Frau geholfen, weil ich Mitleid[1] hatte.

Ich bin kein lieber Mensch. Ich habe der armen Frau nicht geholfen, weil ich kein Mitleid[1] hatte.

2 Ich bekomme ein gutes Zeugnis: Ich habe dieses Schuljahr nämlich regelmäßig gelernt.

3 Ich bin ein guter Politiker. Ich kümmere mich um die Menschen. Ich höre ihnen zu. Ich baue Schulen und Krankenhäuser, neue Straßen und schöne Plätze.

[1] das Mitleid = Jemand tut einem leid, man ist traurig, man möchte helfen.

GRAMMATIK: etwas einräumen ········▶ zu Kursbuch Seite 83

3 *obwohl* und *trotzdem*

a Schreiben Sie Sätze mit *obwohl* wie im Beispiel. Vergleichen Sie dann mit dem Lösungsschlüssel.

----
1 zu spät kommen ▪ 2 furchtbar unordentlich sein ▪ 3 sich nur für Kunst interessieren ▪
4 nie mit mir zum Fußballspiel gehen ▪ 5 mir selten zuhören ▪ 6 sich immer von mir Geld leihen
----

1 Der Maler Wenzel ist mein bester Freund, *obwohl er immer zu spät kommt.*
2 *Obwohl*
3
4
5
6

Aber er ist lustig und fröhlich und hat immer tolle Ideen. Und ich kann mich auf ihn verlassen.

b Schreiben Sie Ihre Sätze aus a in eine Tabelle wie im Beispiel.

Der Maler Wenzel ist mein bester Freund,

Konjunktion	weitere Satzteile	Verb
obwohl	er immer zu spät	kommt.

c Was sagt die Katze über sich? Bilden Sie Sätze mit *trotzdem*.

----
jeden Morgen früh aufstehen und mein Frauchen zur Arbeit begleiten ▪ am Sonntag um acht
mit Frauchen spazieren gehen ▪ jeden Abend Mäuse fangen ▪ nachmittags auf Bäume klettern
----

1 Ich bin wirklich sehr faul, *trotzdem stehe ich jeden Morgen früh auf und begleite mein Frauchen zur Arbeit.*
2 Am liebsten schlafe ich. *Trotzdem*
3 Ich liege am liebsten faul auf dem Sofa,
4 Ich liege so gern in der Sonne.

d Schreiben Sie Ihre Sätze aus d in eine Tabelle wie im Beispiel.

Ich bin wirklich sehr faul,

Konjunktion	Verb 1	weitere Satzteile
trotzdem	stehe	ich jeden Morgen früh auf.
...		

e Ergänzen Sie *trotzdem* oder *obwohl*.
Formulieren Sie dann die Sätze in Ihrer Muttersprache.

1 Ich bin auch in Facebook, *obwohl*....................... da auch fremde Leute etwas über mich lesen können.

2 Die Kosmetikartikel sind wirklich zu teuer, ... kaufe ich sie mir immer wieder.

3 Ich kaufe immer wieder teure Kosmetikartikel, ... es auch günstige Produkte gibt.
   Die sind oft sogar besser.

4 Das Benzin wird immer teurer, ... nehmen viele nicht den Bus oder die Bahn zur Arbeit.

5 Es fahren noch immer viele Arbeitnehmer mit dem Auto zur Arbeit, ... das Benzin
   immer teurer wird.

6 Computer sind nie ganz sicher, ... überweise ich mein Geld online.

GRAMMATIK: einen Widerspruch / Gegensatz formulieren ········▸ zu Kursbuch Seite 83

4 **a** Verbinden Sie die Informationen zu sinnvollen Sätzen mit *aber* wie im Beispiel.

Juliette Fischer hat ein tolles Filmangebot in Australien bekommen.

Die Leute werden ihn nicht wählen, weil er erst 31 Jahre alt ist.

Der Chef hat sie ihm nicht genehmigt, weil die Firma fast pleite ist.

Herr Meier aus meiner Abteilung wollte unbedingt eine Gehaltserhöhung.

Ich liebe Zimmerpflanzen.

Ludwig Anton würde gern neuer Bürgermeister der Stadt werden.

Unsere Nachbarin hat viele schöne alte Möbel.

Sie nimmt das Angebot nicht an, weil sie ein kleines Kind hat.

Ich habe keine, weil es in meiner Wohnung zu dunkel ist.

Sie findet sie nicht schön und will sie mir deshalb verkaufen.

Ich liebe Zimmerpflanzen, aber ich habe keine, weil es in meiner Wohnung zu dunkel ist.

b Schreiben Sie zwei Sätze aus a in eine Tabelle wie im Beispiel.

Satz 1		Satz 2		
	aber	Satzanfang	Verb	weitere Satzteile
Ich liebe Zimmerpflanzen,	aber	ich	habe	keine, weil es ...
...				

5 Was würden Sie machen, wenn Sie Bürgermeister/-in wären? Lesen Sie die Argumente. Schreiben Sie Sätze. Verwenden Sie *obwohl*, *trotzdem* und *aber* und den Konjunktiv II wie im Beispiel. Es gibt mehrere Möglichkeiten.

Thema **1**: Kinderkrippen und Kindergärten

| mehr Kinderkrippen und Kindergärten bauen ▪ mehr Erzieherinnen und Erzieher anstellen ▪ für jedes Kind einen Krippenplatz anbieten | die Stadt hat wenig Geld ▪ nur ein Drittel der Kinder geht in eine Kinderkrippe ▪ viele Mütter wollen mit den Kindern lieber zu Hause bleiben |

Ich würde mehr Kinderkrippen und Kindergärten bauen, obwohl die Stadt wenig Geld hat.
Die Stadt hat wenig Geld, das stimmt. Trotzdem würde ich mehr Kinderkrippen und Kindergärten bauen.
Ich würde mehr Kinderkrippen und Kindergärten bauen, aber die Stadt hat wenig Geld.
…

Thema **2**: Umweltschutz

| die Straßenlampen nachts ausmachen ▪ neue Straßenbahnlinien bauen ▪ keine Autos in die Innenstadt lassen ▪ viele neue Parks und Fußgängerzonen bauen ▪ Handyantennen in der Stadt verbieten | die Stadt hat kein Geld ▪ die Menschen haben Angst, wenn es nachts dunkel ist ▪ die Leute wollen mobil telefonieren ▪ die Leute wollen mit ihren Autos in die Innenstadt fahren ▪ die Leute wollen neue Parkplätze |

6 **ⓐ** Lesen Sie im Kursbuch auf Seite 82–83 noch einmal den Text, die Übung A1b und die Argumente in A3. Wählen Sie vier Argumente aus, die dafür sprechen, und vier Argumente, die dagegen sprechen. Notieren Sie sie in Stichpunkten.

Soll es ab nächstem Jahr Spiel ohne Grenzen geben?

Argumente dafür 👍

1 *faire Wettkämpfe für normale Menschen*
2 ....
3 ....
4 ....

Argumente dagegen 👎

1 ....
2 ....
3 ....
4 ....

ⓑ Was könnten die Diskussionsteilnehmer sagen? Sind sie dafür oder dagegen? Schreiben Sie in die Sprechblasen.
Verwenden Sie die Argumente aus a. Schreiben Sie, wie Sie es in Aufgabe 5 geübt haben.

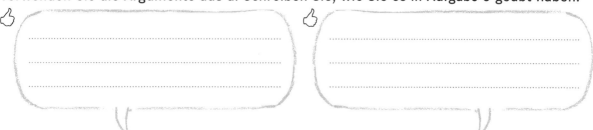

7 **ⓐ** Lesen Sie noch einmal die Maßnahmen im Kursbuch auf Seite 83, Aufgabe A3 b1.
Notieren Sie hier die Ideen oder Vorschläge, die Sie gut finden.

....

....

ⓑ Sie sind dafür, dass man wieder mit *Spiel ohne Grenzen* anfängt.
Ergänzen Sie die folgenden Aussagen. Verwenden Sie auch die Argumente aus a.

Ich bin der Meinung, dass ..., obwohl ... ■ Ich bin dafür, weil ... / und man könnte auch ... ■
Ich bin dafür, obwohl ... Aber man könnte ... ■ ..., trotzdem ... ■ Es stimmt, dass ..., aber man könnte ...

Ich bin der Meinung, dass man „Spiel ohne Grenzen" wieder einführen sollte. ...

8 Bereiten Sie nun Ihre Präsentation / Ihren Kurzvortrag vor, wie Sie es bisher gelernt haben
(Lektion 7, Aufgabe 19 und 20).

① Machen Sie sich Notizen.

	Inhaltspunkte	Notizen / Stichpunkte
A	Worum es geht.	
B	Wie Ihre Präsentation aufgebaut ist.	
C	Hauptteil Ihre Argumente dafür (und was man dagegen sagen kann). Warum Sie sich so entschieden haben. Was man sonst noch machen kann.	
D	Ende	

② Sammeln Sie die passenden Wendungen und Ausdrücke.
③ Formulieren Sie Ihren Text (in Stichworten).
④ Tragen Sie Ihre Präsentation in der Gruppe vor oder nehmen Sie sie auf .

B Goldene Hochzeit

GRAMMATIK: einen Widerspruch/Gegensatz formulieren ········▶ zu Kursbuch Seite 85

**9 ⓐ Manchmal widersprechen sich zwei Informationen.
Lesen Sie die folgenden Sätze und notieren Sie die Informationen wie im Beispiel.**

1 Ich gehe zwar gern ins Theater, aber heute bin ich zu müde.

Information 1: *gern ins Theater gehen*   Information 2: *heute zu müde sein*

2 Die Stadt ist zwar pleite, aber sie baut ein großes neues Theater.

Information 1: ....   Information 2: ....

3 Wir würden zwar gern mehr fernsehen, aber wir haben einfach keine Zeit.

Information 1: ....   Information 2: ....

4 Ich liebe zwar alle Hunde, aber ich möchte keinen eigenen Hund haben.

Information 1: ....   Information 2: ....

5 Ich bin zwar gern mit anderen Leuten zusammen, aber ich gehe nicht gern auf Partys.

Information 1: ....   Information 2: ....

ⓑ **Wo steht *zwar* im Satz? Formulieren Sie die Sätze 2–5 wie im Beispiel und
tragen Sie sie in die Tabelle ein.**

Satz 1				Satz 2			
Satzanfang	Verb	zwar	weitere Satzteile	aber	Satzanfang	Verb	weitere Satzteile
1 Ich	gehe	zwar	gern ins Theater,	aber	heute	bin	ich zu müde.
2				aber	sie	baut	ein Theater.
3				aber	wir	haben	... keine Zeit.
4				aber	ich	möchte	keinen ... Hund haben.
5				aber	ich	gehe	nicht ... auf Partys.

ⓒ **Wie würden Sie die Sätze mit *zwar … aber* in Ihrer Muttersprache formulieren?**

Hinweis: Man kann diese Sätze auch nur mit *aber* formulieren. Mit *zwar* verstärkt man den Gegensatz.

10 Lesen Sie die folgende Werbung für ein Fitnessstudio.
Wie reagieren Sie auf das Angebot?
Lesen Sie die Argumente und ergänzen Sie dann die Sätze.
Es gibt mehrere Möglichkeiten.

N e u e r ö f f n u n g

Ist fit und schlank sein Ihr Ziel?
Dann sind Sie bei uns richtig.

Was Sie bei uns erwartet?
- die modernsten Geräte
- Fitnesstrainer, die sich immer um Sie kümmern,
  egal wann Sie kommen
- Öffnungszeiten von 0-24 Uhr
- modernster Saunabereich
- Meditationsräume mit Meditations- und Yogalehrer/-innen
- Gymnastikkurse
- rund um die Uhr geöffnetes Fitness-Restaurant mit Bioküche

Und dies alles für nur 49,95 € im Monat.

**Werden Sie gleich morgen Mitglied – und Sie erhalten top-modische Kleidung
von einem Markenhersteller.**

Argumente:

- -
lange Öffnungszeiten nicht brauchen ▪ modernste Geräte gut / nicht brauchen ▪ teuer ▪ Restaurant
interessant ▪ Gymnastikkurse gern machen ▪ Möglichkeit toll, Meditieren zu lernen ▪
nicht für ... interessieren ▪ Sauna mögen / nicht mögen ▪ andere Fitnessstudios viel billiger ▪
Lehrer und Trainer gut / bei anderen keine Lehrer und Trainer ▪ überlegen, ob Mitglied werden wollen ▪
fit werden / bleiben wollen
- -

1 *Andere Fitnessstudios sind viel billiger* .... Das muss ich mir noch überlegen.

2 .... , das brauche ich nicht.

3 .... , das finde ich besonders schön.

4 Also, ich weiß nicht, was ich machen soll: Ich würde zwar gern .... , aber

....

5 Ich würde eigentlich gern .... , aber ....

6 Ich würde eigentlich gern .... , obwohl ....

....

7 Ich glaube, mir ist das zu ....

8 Ich finde das toll. Ich möchte unbedingt .... , weil

....

11 **ⓐ** Lesen Sie die Sprechblasen und formulieren Sie dann Antworten.
Bedanken Sie sich und sagen Sie ab oder zu. Fällt Ihnen auch eine höfliche Begründung ein?

Vielen Dank, dass Sie mich / uns ... ■ Es ist wirklich (sehr) nett, dass Sie mich / uns eingeladen haben. ■
Es tut mir sehr leid, aber ich kann / wir können leider nicht kommen. ■ Ich würde / Wir würden zwar gern
kommen, aber ... ■ Ich komme sehr gern. Ich nehme die Einladung gern an, ich kann aber leider nur am ...

> Hallo, guten Abend, gut, dass ich Sie treffe. Ich würde Sie gern zum Abendessen einladen. Es gibt Hasenbraten.

> Es tut mir sehr leid, ...

> Ja, und was ich noch sagen wollte: Darf ich Sie zu unserer Familienfeier am kommenden Samstag einladen? So kurz vor Mitternacht fängt das Fest an. Es wird bestimmt sehr lustig, meine ganze Familie will kommen. Es gibt auch gute Dinge zu essen.

> ?

> Hallo, liebe Nachbarn, haben Sie Lust, morgen früh zum Frühstück zu kommen? Viele Singvögel haben schon zugesagt. Um halb sieben geht's los.

> ?

8

ⓑ Lesen Sie die Zu- oder Absagen. Welche Reaktion passt? Ordnen Sie zu.

1 Vielen Dank, dass Sie uns zu dem Kennenlernabend eingeladen haben. Es ist sehr nett, dass Sie an uns gedacht haben. Wir kommen gern, aber wir müssen leider schon um halb zehn wieder gehen und meine Mutter vom Flughafen abholen. ☐

2 Hallo, hier spricht Sara. Schade, dass du nicht zu Hause bist, aber du hörst ja sicher bald die Nachricht ab. Ich muss leider absagen. Ulrich ist krank geworden und ich möchte ihn nicht allein zu Hause lassen. Dafür ist er noch zu klein. ☐

3 Hallo, niemand zu Hause? Ich komme sehr gern zu eurer Party. Echt cool. Ich müsste nur Sari, eine Austauschschülerin aus Ungarn, mitbringen. Geht das? Sie wohnt die nächsten vier Wochen bei uns. ☐

4 Lieber Michael, vielen Dank für die Einladung zu deiner Abschlussfeier mit anschließendem Abendessen. Ich würde ja gern kommen, aber ich muss zurzeit leider eine ganz strenge Diät einhalten. Mir ging es in letzter Zeit nicht sehr gut und der Arzt meint, dass ich bestimmte Lebensmittel nicht vertrage. ☐

5 Ihr fragt, ob wir mit euch Silvester feiern wollen? Das ist ja eine super nette Idee! Danke. Da freuen wir uns sehr, wir haben nämlich schon überlegt, was wir machen sollen ... ☐

a ... Schade, dass du nicht zu meinem Geburtstagsfest kommen kannst. Willst du es dir nicht noch einmal überlegen? Vielleicht für ein oder zwei Stunden? Unsere Tochter könnte dann auf deinen Sohn aufpassen.

b ...Klar, das ist doch überhaupt kein Problem, bring sie ruhig mit. Dann kann sie gleich ein paar von deinen Freunden kennenlernen. Kann sie Deutsch oder Englisch? Egal, irgendwie werden wir uns schon unterhalten können.

c Also, wir freuen uns, dass du kommen möchtest. Und das mit dem Essen, das ist doch überhaupt kein Problem. Sag uns nur, was du essen darfst, dann bekommst du ein extra Essen.

d Schön, das freut uns sehr. Die Details erfahrt ihr dann kommende Woche. Wir wollen uns ...

e Das ist aber schön, dass Sie kommen können. Und dass Sie schon so bald wieder gehen müssen, tut uns sehr leid. Aber wir können das gut verstehen. Wie lange bleibt sie denn?

12 ⓐ Einladung von guten Freunden zur Hochzeit

① Lesen Sie die folgende Situationsbeschreibung.

Gisela und Jürgen, Hochzeit:
vormittags Kirche, nachmittags Kaffee und Kuchen, abends Abendessen, am Samstag, den 14. August
an diesem Samstag auch runder Geburtstag vom Großvater (100 Jahre)

② Was wollen Sie schreiben? Machen Sie sich Notizen und sammeln Sie die passenden Wendungen und Ausdrücke.

A	Anrede	
B	sich für die Einladung bedanken:	
C	sagen, dass man nicht kommen kann und warum	
D	alles Gute wünschen	
E	fragen, was sie sich wünschen	
F	Schluss	

③ Schreiben Sie dann Ihre Absage (auf ein extra Blatt).

④ Überprüfen Sie anschließend Ihre Absage:

 – Haben Sie zu allen Punkten etwas geschrieben?
 – Ist die Anrede richtig?
 – Passen die Wendungen und Ausdrücke?
 – Wie ist die Rechtschreibung? (Groß- und Kleinschreibung, Endungen usw.)
 – Haben Sie die Sätze verbunden?
 – Passt der Abschlusssatz?

b Sie haben sich am Samstag mit Ihrem Professor und drei Studenten zu einem Arbeitstermin verabredet. Sie können aber nicht. Schreiben Sie eine E-Mail an Ihren Professor (in „cc" an die anderen beiden Studenten).

VERTIEFUNG

1 Lesen Sie die folgende Situationsbeschreibung.

Termin: Samstag, von 14–19 Uhr, Treffen mit Professor Dr. Johann Meier
Thema: Vorbereitung eines Seminars
Grund: Sie haben einen wichtigen und langen Untersuchungstermin in einem Röntgeninstitut.
Vorschlag: neuer Termin; Freitag oder Sonntag, gleiche Uhrzeit, alternativ Samstagvormittag

2 Was wollen Sie schreiben? Machen Sie Notizen und sammeln Sie passende Wendungen und Ausdrücke.

A		Inhaltspunkte / Wendungen und Ausdrücke	Hinweise
B	Anrede		Wie wird der Professor angesprochen? Kennen Sie sich? Sind Sie per du? Im Zweifelsfall: Offizielle Anrede: *Sehr geehrter Herr Professor Meier*
C	Absage		Schreiben Sie, dass Sie an dem Termin nicht können.
D	Grund		Schreiben Sie höflich, aber nicht zu lang und zu ausführlich. Sie sollten einen guten Grund haben.
E	Vorschlag		Machen Sie Vorschläge, formulieren Sie Angebote: – Schlagen Sie andere Termine vor. – Sagen Sie / Bieten Sie an, dass Sie eine Aufgabe übernehmen werden, die auf dem Treffen ohne Sie bestimmt wird. – Fragen Sie, ob die anderen beiden Studenten Sie vertreten können. – Sagen Sie, ob Sie an dem Folgetreffen teilnehmen wollen.
F	Schluss		– Sagen Sie, dass Sie sich für das Thema / Projekt interessieren. – Abschlussformel

3 Schreiben Sie jetzt Ihre Absage.

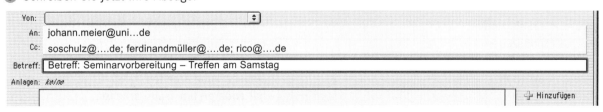

Von:
An: johann.meier@uni…de
Cc: soschulz@….de; ferdinandmüller@….de; rico@….de
Betreff: Betreff: Seminarvorbereitung – Treffen am Samstag
Anlagen: *keine*

🖘 Hinzufügen

4 Überprüfen Sie jetzt Ihre E-Mail wie in Aufgabe a4 beschrieben.

C Freche Frauen?

WORTSCHATZ: rund um den beruflichen Alltag ········▶ zu Kursbuch Seite 87

13 **a** Nennen Sie einige Berufe, die aus Ihrer Sicht typische Frauen- beziehungsweise Männerberufe sind.

Frauenberufe   Männerberufe

....

....

....

b **Bedingungen der Arbeit**

VERTIEFUNG

Lesen Sie die folgenden Wörter / Ausdrücke und übersetzen Sie sie in Ihre Muttersprache.

flexible Arbeitszeiten   ....

von zu Hause arbeiten (Telearbeitsplatz) ....

in Teilzeit arbeiten   ....

Vollzeit arbeiten   ....

gute Fortbildungsmöglichkeiten   ....

Verantwortung haben   ....

Überstunden machen   ....

bezahlte Überstunden   ....

unbezahlte Überstunden   ....

etwas verändern können   ....

selbstständig arbeiten   ....

mit anderen (im Team) arbeiten   ....

gute Karrierechancen   ....

viel Geld verdienen   ....

eine Abteilung leiten   ....

c **Was glauben Sie: Welche Punkte sind für diese Personen wichtig? Kreuzen Sie an.**

VERTIEFUNG

A junge/r Manager/in, die Karriere machen möchte
B alleinerziehende/r Mutter/Vater von zwei Kindergartenkindern
C Frau, die Beruf, Familie und Alltag verbinden möchte

	A	B	C		A	B	C
geregelte Arbeitszeiten	☐	☐	☐	bezahlte Überstunden	☐	☐	☐
flexible Arbeitszeiten	☐	☐	☐	unbezahlte Überstunden	☐	☐	☐
von zu Hause arbeiten (Telearbeitsplatz)	☐	☐	☐	etwas verändern können	☐	☐	☐
in Teilzeit arbeiten	☐	☐	☐	selbstständig arbeiten	☐	☐	☐
Vollzeit arbeiten	☐	☐	☐	mit anderen (im Team) arbeiten	☐	☐	☐
gute Fortbildungsmöglichkeiten	☐	☐	☐	gute Karrierechancen	☐	☐	☐
Verantwortung haben	☐	☐	☐	viel Geld verdienen	☐	☐	☐
Überstunden machen	☐	☐	☐	eine Abteilung leiten	☐	☐	☐

14   Beschreiben Sie die Statistiken im Kursbuch Seite 99 oben mit den
folgenden Wendungen und Ausdrücken. Vergleichen Sie mit dem Lösungsschlüssel.

... Prozent möchten / wollen ... ■ Für ... Prozent ist es wichtig, dass ... ■ Interessant ist, dass ... Prozent ... ■
Im Unterschied zu unserer Statistik im Kurs wollen ... Prozent ... ■ Die Hälfte / Nur wenige / Die meisten
möchten ...

15   **ⓐ**   Lesen Sie die Fragen und kreuzen Sie jeweils die passenden Antworten an.
Vergleichen Sie dann mit dem Lösungsschlüssel.

1   Welcher Satz drückt eine Vermutung aus?

    a ☐ Sie ist jetzt zu Hause.   b ☒ Sie wird jetzt zu Hause sein.

2   Welcher Satz drückt eine Vorhersage aus?

    a ☐ Da wird es noch Probleme geben.   b ☐ Das gibt noch Probleme.

3   Welcher Satz drückt ein Versprechen aus?

    a ☐ Ich werde dir die hundert Euro zurückgeben.   b ☐ Ich gebe dir die hundert Euro zurück.

4   Welcher Satz drückt einen Vorsatz aus?

    a ☐ Ich mache die Hausaufgaben.   b ☐ Ich werde die Hausaufgaben machen.

🔊 57   **ⓑ**   Lesen und hören Sie die folgenden Dialoge.
Was wird durch das Futur hier ausgedrückt? Kreuzen Sie an.

Dialog **1**

A   Sonja will in Zukunft nur noch von zu Hause aus arbeiten, nicht mehr in ihrem Büro. Was meinst du dazu?
B   Ganz einfach: Die Firma wird ihr kündigen.

1 ☐ Person B macht eine Aussage über ein Ereignis in der Zukunft.
2 ☐ Person B vermutet, dass Sonja entlassen wird.

Dialog **2**

A   Du, Paul, wie siehst du deine Beziehung zu Sonja?
B   Ja, ich werde Sonja heiraten.

3 ☐ Person B hat die feste Absicht, Sonja zu heiraten.
4 ☐ Sonja und Paul haben schon einen Hochzeitstermin in der Zukunft.

Dialog **3**

A   Und was hast du dir an Silvester vorgenommen?
B   Ich werde ab jetzt das Geschirr spülen und die Küche aufräumen.

5 ☐ Person B hat sich vorgenommen, in Zukunft immer das Geschirr zu spülen und die Küche aufzuräumen.
6 ☐ Die Person spült in Zukunft das Geschirr und räumt die Küche auf.

16 Formen (Gegenwart)

ⓐ **Lesen Sie die folgenden Sätze und markieren Sie die Konjunktiv-II-Formen.**

1 Ich würde jetzt gern etwas essen.
2 Ja, nach Jamaika würde ich auch gern einmal fliegen.
3 Mit dir würde ich gern eine Weltreise machen.
4 Ich würde eine E-Mail schreiben, keinen Brief.
5 Ich würde mich freuen, wenn Sie auch kommen würden.

ⓑ **Ergänzen Sie die Konjunktiv II-Formen bei den folgenden Verben.**

1 ich will *wollte*	5 ihr habt
2 sie ist	6 wir müssen
3 du darfst	7 man wird
4 sie können	8 Sie sollen

17 Konjunktiv II: Formen (Vergangenheit). Markieren Sie die Formen.

1 Ich glaube, ich hätte diesen Fehler auch gemacht.
2 Ich wäre gern noch länger geblieben, aber der Urlaub war zu Ende.
3 Wenn ich das gewusst hätte, wäre ich nicht mitgekommen.
4 Wenn ich da gewesen wäre, hätte ich dir geholfen.

18 Vorschläge, Empfehlungen, Aufforderungen

ⓐ **Formulieren Sie Vorschläge mit den folgenden Wendungen und Ausdrücken.**

Sie könnten (doch) ... ◼ Ich würde ... ◼ Wie wäre es, wenn wir ...

1 eine Pizza mit Salat nehmen
Sie könnten doch eine Pizza mit Salat bestellen.
Ich würde eine Pizza mit Salat nehmen.
Wie wäre es, wenn wir eine Pizza mit Salat nehmen?

2 den Zug nach Passau nehmen
3 in der Mittagspause einen kleinen Stadtrundgang machen
4 im Café Herrmann frühstücken
5 erst einen Tag später zurückfahren

ⓑ **Formulieren Sie die folgenden Aufforderungen als Empfehlungen mit *Sie sollten / du solltest*.**

1 Lies die Bedienungsanleitung.
Du solltest / Sie sollten die Bedienungsanleitung lesen.

2 Fahr heute Abend nicht mehr zurück. Es schneit stark.
3 Das schmeckt gut. Probier das mal.
4 Der Chef schläft. Stör ihn jetzt nicht.

19 Wünsche und Bitten

ⓐ Welche Formen kann man verwenden, wenn man jemanden um etwas bittet? Kreuzen Sie an.

1 Ich hätte gern ☐ will ☐ nehme ☐ möchte ☐ eine Pizza mit Salat.

2 ☐ Könnten Sie mir bitte eine Pizza mit Salat bringen?

ⓑ Formulieren Sie höfliche Bitten wie in a.

1 mit dem Sekretariat verbinden   3 das rote T-Shirt dahinten.

2 ein großes Eis mit Sahne   4 das Formular ausfüllen.

20 Irreale Bedingungen

ⓐ Was ist die Realität? Notieren Sie wie im Beispiel.

1 Wenn ich im Lotto gewinnen würde, müsste ich vielleicht nie mehr arbeiten.

Ich habe noch nicht im Lotto gewonnen. Ich muss arbeiten.

2 Wenn ich bei diesem Preisausschreiben gewonnen hätte, hätten wir jetzt ein neues Auto.

....

ⓑ Formulieren Sie irreale Bedingungen mit *wenn*.
Achten Sie auf die Zeitformen (Gegenwart, Vergangenheit).

1 noch einmal jung sein – ein Jahr ins Ausland gehen

Wenn ich noch einmal jung wäre, würde ich ein Jahr ins Ausland gehen.

2 ich mich beworben haben – die Stelle vielleicht bekommen haben

Wenn ich mich beworben hätte, hätte ich die Stelle vielleicht bekommen.

3 früher losgegangen sein – Bus nicht verpasst haben

....

4 die Bedienungsanleitung gelesen haben – das Gerät nicht kaputt gemacht haben

....

5 eine Mail von dir bekommen – mich freuen

....

6 ich das Formular allein ausfüllen können – ich dich nicht fragen

....

ⓒ Formulieren Sie die Sätze in b ohne *wenn* wie im Beispiel.

1 *Wäre ich noch einmal jung, würde ich ein Jahr ins Ausland gehen.*

21 Irreale Wünsche

58

Formulieren Sie die Sätze als irreale Wünsche mit *bloß* oder *doch bloß*.
Hören Sie die Sätze und sprechen Sie sie nach.

- -
noch einmal jung sein ■ ich mich beworben haben ■ früher losgegangen sein ■
die Bedienungsanleitung lesen ■ eine Mail von dir bekommen
- -

Wenn ich bloß / doch bloß noch einmal jung wäre!

22 **ⓐ** Lesen und hören Sie die Reaktionen und ordnen Sie ihre Bedeutung zu.

59

a Man bewertet eine Situation. ▪ b Man drückt Enttäuschung aus. ▪
c Man drückt Überraschung aus.

> Sie hat mit 50 ihren Job gekündigt, hat ihre Wohnung verkauft und ist nach Australien ausgewandert.

1 `c` Das ist komisch. Das hätte ich nie erwartet.
2 ☐ Ich glaube, ich hätte das nie gemacht.
3 ☐ Ich bin enttäuscht, dass sie einfach so weggeht.
4 ☐ Ich kann das zwar verstehen, aber ich wäre nicht so weit gegangen.
5 ☐ Das ist ja eine Überraschung. Das hätte ich nicht gedacht.
6 ☐ Also, ich finde das gut. Ich hätte auch mal gern etwas ganz anderes gemacht.

ⓑ Hören Sie die Reaktionen noch einmal und sprechen Sie sie nach.

Darüber hinaus

23 Hören Sie die Sätze und achten Sie auf die Betonung. Sprechen Sie dann nach.

60 a 1 Du weißt doch, ich mag keine Äpfel.
2 Nein, ich brauche wirklich keinen neuen Mantel. Hier, der alte ist doch noch in Ordnung.
3 Ich habe heute keine E-Mails bekommen. Irgendetwas stimmt mit dem Computer nicht.
4 Wir haben keinen Zucker, kein Mehl, keine Eier! Wie soll ich denn dann einen Kuchen backen?

61 b 5 Du weißt doch, ich mag diese Äpfel nicht.
6 Wenn du mich fragst: Mir gefällt der neue Mantel nicht.
7 Ich habe Ihre E-Mail nicht bekommen.
8 Entschuldige, ich habe die Bücher nicht abgeholt.
9 Ich heirate dich nicht.
10 Ich möchte nicht Lehrer werden.
11 Hallo, hörst du mich, ich habe die Führerscheinprüfung nicht bestanden!
12 Ich möchte dir die Geschichte nicht erzählen.
13 Ich möchte dieses Jahr nicht an den Wolfgangsee fahren.

62 c 14 Der Maler Wenzel ist mein bester Freund, obwohl er immer zu spät kommt.
15 Ich bin wirklich sehr faul, trotzdem stehe ich jeden Morgen früh auf und gehe vor der Arbeit joggen. .
16 Ich liebe Zimmerpflanzen, aber ich habe keine, weil es in meiner Wohnung zu dunkel ist.
17 Ich gehe zwar gern ins Theater, aber heute bin ich zu müde.

63 d 18 Ich würde mich freuen, wenn Sie auch kommen würden.
19 Ich glaube, ich hätte diesen Fehler auch gemacht.
20 Ich wäre gern noch länger geblieben, aber der Urlaub war zu Ende.
21 Wenn ich das gewusst hätte, wäre ich nicht mitgekommen.
22 Wenn ich da gewesen wäre, hätte ich dir geholfen.

24 Lesen Sie die folgenden Leserbriefe. Welcher Kommentar sagt „Ja"
zu dem neuen Flughafen, welcher sagt „Nein"? Kreuzen Sie an.

Flughäfen sind immer ein Motor für die Wirtschaft. Tausende Menschen finden dort Arbeit, Touristen und Geschäftsleute besuchen die Region. Diese Vorteile sollte man bedenken, bevor man gegen den neuen Flughafen protestiert.

Mario B., Zingsdorf

Ich muss geschäftlich oft verreisen, oft auch mit dem Flugzeug. Der alte Flughafen im Süden der Stadt ist zu klein und zu alt, und die Verkehrsanbindung ist auch sehr schlecht. Wie soll der Stadtverkehr entlastet werden, wenn nur Autos und Busse dorthin kommen? Der neue Flughafen hätte eine direkte Anbindung an das Bahnnetz, man könnte also mit der S-Bahn zum Flughafen fahren, das wäre doch eine spürbare Verbesserung der Verkehrssituation.

Herbert K., Westmann

Neuer Flughafen – aber wer denkt an die Anwohner, die den ganzen Lärm ertragen müssen? Und die Flugzeuge würden über ein großes Wohngebiet mit Schulen und Kindergärten fliegen, das Starten und Landen wäre eine Gefahr für alle! Wenn da ein Unfall passiert und ein Flugzeug auf eine Schule stürzt, das wäre eine Katastrophe.

Heike S., Tischdorf

Aus ökologischer und ökonomischer Sicht macht der neue Flughafen wenig Sinn. Zum einen existiert mit dem Flughafen Süd bereits ein gut ausgebauter Flughafen, zum anderen ist der Landschaftsverbrauch* beim Bau eines neuen Flughafens nicht zu rechtfertigen. Es wäre doch viel besser, den alten Flughafen auszubauen und besser an das Verkehrsnetz der Stadt anzubinden.

Frauke M., Obertal

Unsere Stadt als wichtiger internationaler Messestandort ist auf eine gute Verkehrsanbindung angewiesen, sie braucht einen gut funktionierenden Flughafen! Es ist lange bekannt, dass der alte Flughafen nicht genügend Kapazitäten hat, um die Nachfrage nach Flugverbindungen ins In- und Ausland zu befriedigen. Auch eine Modernisierung des alten Flughafens würde die Situation nicht verbessern, das sagen alle aktuellen Studien.

Siegbert F., Untertal

Wozu brauchen wir einen neuen Flughafen, wenn wir schon zwei in der Region haben? Es wäre viel besser, die Flugreisenden auf diese Flughäfen zu verteilen und die Flughäfen durch Bahnlinien miteinander zu verbinden.

Melanie A., Greifenberg

Dass der neue Flughafen viele neue Arbeitsplätze schafft, das ist doch kein Argument. Denn am alten Flughafen Süd arbeiten auch viele Menschen, und bei einem Ausbau dieses Flughafens würde die Zahl der Beschäftigten doch automatisch steigen. Hat darüber schon mal jemand nachgedacht?

Alexandra H., Fürsthausen

* der Landschaftsverbrauch =
Zerstörung von natürlicher Landschaft (Wälder, Wiesen etc.)
für Baumaßnahmen

		Ja	Nein
1	Mario B., Zingsdorf	☐	☐
2	Herbert K., Westmann	☐	☐
3	Heike S., Tischdorf	☐	☐
4	Frauke M., Obertal	☐	☐
5	Siegbert F., Untertal	☐	☐
6	Melanie A., Greifenberg	☐	☐
7	Alexandra H., Fürsthausen	☐	☐

Welche Wörter (a–p) passen in den Text. Ordnen Sie zu.
Es passt jeweils nur ein Wort.

Sachbearbeiter/-in
im Personalbereich gesucht

Wir sind ein führendes Unternehmen
in der Softwarebranche und suchen ab 1. Oktober

eine/n Sachbearbeiter

für unsere Personalabteilung.

Sehr ☐ Frau Maxner,

Ihre Anzeige ☐ Zirnsbader Tagblatt habe ich mit Interesse gelesen.

Ich habe nach meiner Ausbildung zur Bürokauffrau mehrere Jahre in ☐ Personalabteilung ☐ der Softwarefirma Gneisel GmbH gearbeitet. Die letzten fünf Jahre habe ich ☐ um die Erziehung meiner beiden Töchter gekümmert.

☐ die Firma Gneisel im vergangenen Jahr Konkurs angemeldet hat, suche ich jetzt eine neue Stelle. Durch meine Tätigkeit in der Softwarebranche ist mir Ihre Firma und Ihr guter Ruf bekannt. Meinem Lebenslauf ☐ Sie entnehmen, dass ich bei meiner Arbeit bei der Firma Gneisel GmbH als Assistentin der Personalreferentin tätig war mit den Aufgabenschwerpunkten Gehaltsabrechnung, Zeiterfassung und betriebliche Fortbildung. ☐ bin ich sicher, ☐ ich Ihr Team tatkräftig und kompetent unterstützen kann.

Ich freue mich auf ein persönliches Gespräch und verbleibe

mit ☐ Grüßen

Lea Leimbach

a bei
b da
c dabei
d dass
e der
f deshalb
g freundlichen
h geehrte
i im
j können
k lieben
l mich
m mir
n mit
o müssen
p trotzdem